Beiträge zur Gesellschaftspolitik

Herausgegeben vom
Bund Katholischer Unternehmer e. V.
in Zusammenarbeit mit der
Vereinigung zur Förderung
der christlichen Sozialwissenschaften e. V.

Wolfgang Ockenfels

Kleine Katholische Soziallehre

Eine Einführung -
nicht nur für Manager

Paulinus-Verlag Trier

CIP-Titelaufnahme der Deutschen Bibliothek
Ockenfels, Wolfgang:
Kleine Katholische Soziallehre: eine Einführung — nicht nur
für Manager / Wolfgang Ockenfels. — 2. Aufl. — Trier:
Paulinus-Verlag, 1990
(Beiträge zur Gesellschaftspolitik; 31)
ISBN 3-7902-5002-3
NE: GT

Herausgegeben vom Bund Katholischer Unternehmer e. V.
Dürener Straße 387
5000 Köln 41
Telefon (02 21) 4 30 10 96-7
Telefax (02 21) 43 74 96
Redaktion: Dr. Johannes Stemmler, Klaus-Dieter Schmidt

Paulinus-Verlag, Trier
2. Auflage 1990
Satz und Druck: Paulinus-Druckerei GmbH, Trier
ISBN 3-7902-5002-3

Inhalt

5. Verbindliches Sprechen und Handeln

Arbeitsteilung — Katholische Soziallehre - made in USA — Politischer Klerikalismus? — Alle angesprochen

6. Prinzipielle Orientierungen

Glaubensgeheimnisse — Verheißungen des Gottesreiches — Bergpredigt als Norm? — Aus Glauben und Vernunft — Menschenbild — Grundwerte — Sozialprinzipien

7. Praktische Konsequenzen

Abgrenzungen — Leitlinien für einen dritten Weg — Privatinitiative und Eigentum — Grenzen des Marktwettbewerbs — Arbeit und Arbeitslosigkeit

8. Neue Herausforderungen

Angst als Gesellschaftsphänomen — Technik im Dienst des Menschen — Prinzipielle Orientierungen — Abwägung von Gütern und Schäden — Zukunft der Arbeitswelt — Ethische Akzeptanz

Zum Geleit

Aus Anlaß seines 40jährigen Jubiläums hat der BKU-Vorstand beschlossen, eine Einführung in die Katholische Soziallehre herauszugeben. Dabei ist es der Wunsch, in einfacher Sprache in diese Materie einzuführen und kein Fachbuch für Spezialisten und Sozialethiker zu schreiben. Angesprochen werden soll ohne weiteres Vorwissen jeder, der an dem Thema interessiert ist - unabhängig von Alter, Beruf und Ausbildung.

Der Vorstand dankt Professor DDr. Wolfgang Ockenfels OP als einem der Geistlichen Berater des BKU, daß er diese Aufgabe übernommen hat. Es ist der gemeinsame Wunsch, daß diese Einführung viele Leser bei ihren Bemühungen um die Katholische Soziallehre leitet und weiterführt. Verfasser und Herausgeber sind für kritische Stellungnahmen und Anmerkungen dankbar.

Cornelius G. Fetsch
Vorsitzender des BKU

Vorwort

In Wirtschaft und Politik haben Diskussionen über Moralfragen gegenwärtig Hochkonjunktur. Das deutet auf einen schwindenden Grundwertekonsens und auf ein Defizit an Glaubwürdigkeit hin. Die Verantwortlichen sind oft ratlos, wenn sie sich ethisch orientieren wollen und öffentlich legitimieren sollen.

Nach welchen Wertmaßstäben kann man sich im Zeitalter des „Wertewandels" noch richten? Wie die Nachfrage, so wächst auch das Angebot verschiedenster moralischer Sinnentwürfe ins Unübersichtliche. Kommen wir zu einer Moral der Beliebigkeit? Sie wäre ein Widerspruch in sich.

Für Christen - und nicht nur für sie - bietet die Katholische Soziallehre eine bewährte Orientierung. Viele berufen sich auf sie, ohne ihre Quellen zu kennen und ihre Entwicklung wahrzunehmen. Der verschnörkelte Kurialstil mancher päpstlichen Rundschreiben erschwert das Verständnis. Die Dokumente der Katholischen Soziallehre und ihre gelehrten Abhandlungen sind sehr verzweigt und füllen Bibliotheken. Geboten ist eine „Reduktion der Komplexität", die freilich die Gefahr der Verkürzung nie ganz vermeiden kann. Andererseits läßt sich die Katholische Soziallehre nicht auf ihre bekannten Sozialprinzipien - Solidarität, Subsidiarität, Gemeinwohl - reduzieren.

Zu diesem Büchlein wurde ich von Cornelius G. Fetsch, dem Vorsitzenden des Bundes Katholischer Unternehmer (BKU), angeregt. Es kann und soll nur einen praxisbezogenen Einstieg und Überblick vermitteln, einige Hintergründe beleuchten und das Verständnis erleichtern. Es präsentiert keine Sammlung von Zitaten, sondern interpretiert Zusammenhänge. Es liefert keine unfehlbaren Rezepte, sondern nur Hinweise, wie soziale Fragen bewertet und verantwortlich angegangen werden können. Es ist besonders den Unternehmern gewidmet, die noch Zeit zum Nachdenken haben, sowie den Menschen, die auf sie angewiesen sind.

Wolfgang Ockenfels

1. Mißverständnisse

Zum Spannungsverhältnis Kirche-Wirtschaft

Nach einem tief verwurzelten Vorurteil betreiben nicht nur Politiker, sondern auch Unternehmer ein „schmutziges Geschäft". Ein moralischer Unternehmer sei so etwas wie ein „hölzernes Eisen", heißt es. Von leitenden Persönlichkeiten in der Wirtschaft erwartet man eher eine robuste, nicht von moralischen Skrupeln geplagte Wolfsnatur, die sich im Dschungelkampf des Wettbewerbs behaupten kann. In der Karikatur erscheint der Ellbogen als vorherrschendes Organ - oder man sieht den Unternehmer zigarrerauchend auf dem Sofa sitzen und Coupons schneiden.

Suche nach Sündenböcken?

Öffentliche Meinungsmacher berichten „kritisch" und vor allem genüßlich über wirtschaftskriminelle Skandale. Der moralische Zeigefinger weist auf „typisch unternehmerische" Laster hin. Da ist von Habsucht, Profitgier und Ausbeutung die Rede. Auch das Machtstreben gilt als eine besondere Untugend der Unternehmer, die nach Marktbeherrschung drängen, und deren Rücksichtslosigkeit die Solidarität zerstöre. Nicht den Arbeitnehmern und ihren Gewerkschaften, sondern vor allem den Unternehmern wird die moralische Devise entgegengehalten: Mehr Sein als Haben! Während die Kapitaleigner und Manager angeblich nur ihre eigenen Interessen im Blick haben, vermutet man bei den Vertretern der Arbeitnehmer schon eher einen höheren Sinn für soziale Gerechtigkeit und Gemeinwohl.

Gegenstand der moralisierenden Kritik ist hier vor allem das Verhalten einzelner Entscheidungsträger in der Wirtschaft, wobei die Sachgegebenheiten und Ordnungsbedingungen, unter denen Unternehmer zu entscheiden und zu handeln haben, weitgehend außer acht gelassen werden. Zum sachfremden Moralisieren fühlen sich vor allem jene berufen, die sich rigoristisch auf eine religiös begründete Individual- und Gruppenmoral berufen. Gerade gewissen kirchlichen Kreisen dient diese Kritik als Vorwand, ihre Weltfremdheit und Wirtschaftsverdrossenheit zu pflegen, - oder als bequeme Ausrede, sich nicht mit der Übernahme unternehmerischer Verantwortung moralisch zu gefährden.

Überdies eignen sich Unternehmer vorzüglich als Sündenböcke für alle möglichen strukturellen Mißstände. Nicht selten werden sie für die Arbeitslosigkeit, die Umweltverschmutzung und das Elend der Dritten Welt verantwortlich gemacht. Hinter diesen Vorwürfen wird meist eine Strukturkritik sichtbar, die in den Unternehmern keine verantwortlich handelnden Subjekte, sondern lediglich Repräsentanten eines Systems erblickt, Symbole der „Technokratie" oder des „Kapitalismus". Die moralische Unterscheidung zwischen Gut und Böse setzt hier nicht an Personen und ihren Handlungen an, sondern wird direkt auf bestimmte Strukturen übertragen, in denen das Böse (Kapitalismus) oder das Gute (Sozialismus) wohnt. Kirchliche Randgruppen, die sich auf marxistisch eingefärbte Varianten der „Theologie der Befreiung" berufen, scheinen für diese ideologische Vereinfachung besonders anfällig zu sein, wenn sie den religiösen Dualismus von Himmel und Hölle auf die Erde projizieren.

Moralische Glaubwürdigkeit

So pharisäerhaft die moralisierende Kritik und so wirklichkeitsfremd die Systemkritik manchmal anmuten, die damit Angesprochenen können sie auch als positive Herausforderung begreifen. Nämlich als Chance, im Interesse ihrer eigenen Wertorientierung und Glaubwürdigkeit einmal darüber nachzudenken, worin der Sinn und Zweck ihres Tuns und Lassens besteht. Dickfellige, erfolgsorientierte Pragmatiker in Wirtschaft und Politik reagieren leider oft erst auf dramatisch vorgetragene öffentliche Anklagen. Nur durch Provokationen lassen sie sich dazu bewegen, auch öffentlich Rechenschaft abzulegen über den sittlichen Wert ihrer Arbeit und der Ordnung, innerhalb derer sie handeln.

Andere hingegen sind zunächst sprachlos, wenn sie mit harten Fragen und beleidigenden Unterstellungen konfrontiert werden. Sie fühlen sich unverstanden, bunkern sich ein und warten auf bessere Zeiten. Oder sie reagieren mit einem trotzigen „Weitermachen!" und hoffen, daß der Erfolg ihnen recht geben werde. Aber auf diese Weise verliert man den Kampf um die öffentliche Glaubwürdigkeit und moralische Anerkennung. Der bloße Hinweis auf den Erfolg enthält noch keine moralische Rechtfertigung.

Erfolgssichere Unternehmer sind es nicht gewohnt, sich mit Sinnfragen des Wirtschaftens auseinanderzusetzen, weil sie einfach keine Zeit dafür finden. Sie sind in ihrem Studium auch nicht dazu angeleitet worden, und in der harten Schule der Praxis haben sie nur gelernt, sich auf das eigene Wertgefühl zu verlassen. Inzwischen jedoch hat sich auch an den Managerschulen und Universitäten herumgesprochen, wie bedeutsam die systematische Beschäftigung mit „business ethics" ist. Hier und dort werden bereits wirtschaftsethische Studiengänge eingerichtet. Das Thema Moral ist längst kein Tabu mehr für die ökonomische Wissenschaft, seitdem man erkannt hat, daß auch die angeblich voraussetzungslosen und wertfreien Wissenschaften von Wertprämissen abhängen, die sie meist ungeprüft übernehmen und die sie selber mit ihren Methoden nicht begründen können.

Die Wirtschaft ist kein moralfreier Raum, sondern unterliegt, wie jeder andere menschliche Lebensbereich, ethischen Wertungen. Auch das wirtschaftliche Handeln ist ein verantwortliches Handeln von Menschen und entspringt nicht dem Mechanismus triebgesteuerter Automaten. Auch wenn sich gewisse Regelmäßigkeiten des faktischen Verhaltens empirisch nachweisen lassen, so ist es bei der ethischen Sinnfrage nicht damit getan, auf demoskopische Erhebungen und Statistiken zu verweisen. Es geht nicht um die Berechenbarkeit banaler Fakten, sondern um den normativen Anspruch und Ausweis dessen, was sein soll.

Hier ist also die Frage nach verbindlichen Orientierungen und verpflichtenden Maßstäben gestellt, von der aus wir die faktische Wirklichkeit zu beurteilen und zu gestalten haben. Diese ethischen Wertsetzungen, die der willkürlichen Beliebigkeit entzogen sein müssen, fließen auch in die Gesellschafts- und Wirtschaftsordnung ein, die ihrerseits wieder das Verhalten der einzelnen prägt. So beruhen auch unser Grundgesetz und das Programm der Sozialen Marktwirtschaft auf einem Wertefundament, das für die jeweilige konkrete Wirklichkeit normativ zu sein beansprucht.

Kirche und Moral

Für die Begründung und Verbreitung moralischer Standards sind immer noch vor allem die Kirchen zuständig. Auch wenn es scheint, als hätten sich im Zuge der neuzeitlichen Säkularisierung die Medien als „Sinnproduzenten" (Schelsky) und „moralische Anstalten" immer mehr an die Stelle der Kirchen gesetzt. Wie und wodurch auch immer das faktische Verhalten normativ geprägt wird, den Kirchen kann man eine besondere Kompetenz in moralischen Fragen nicht absprechen.

Aus der öffentlichen Diskussion gewinnt man gelegentlich den Eindruck, als ob die Sexualmoral im Mittelpunkt des kirchlichen Interesses stehe. In dieser hochgespielten speziellen Moralfrage jedoch berufen sich die einzelnen Gläubigen lieber und leichter auf ihr höchstpersönlich eigenes Gewissen. Die kirchliche Norm gilt gegenwärtig zwischen dem Lehramt der Kirche und einigen Moralprofessoren, die in seinem Auftrag lehren, als umstritten, was nicht gerade zur Glaubwürdigkeit kirchlicher Stellungnahmen beiträgt.

Anders hingegen steht es um die Katholische Soziallehre, die sich international eines großen Zuspruchs erfreut und besonders hierzulande auch politisch wirksam geworden ist. In der Formulierung des Grundgesetzes, in der Konzeption der Sozialen Marktwirtschaft und zahlreichen sozialpolitischen Gesetzeswerken haben die sozialethischen Prinzipien der Katholischen Soziallehre Eingang gefunden. Und Politiker unterschiedlicher Parteien berufen sich bis heute gern auf die Orientierungen der Katholischen Soziallehre, manchmal auch in der Hoffnung auf den kirchlichen Segen.

Freilich haben die bundesdeutschen Unternehmer nur schwer einen Zugang zur kirchlichen Soziallehre gefunden. Die Gründe dafür sind vielfältig und haben sich geschichtlich verfestigt. Zum einen sind die Führungskräfte der Wirtschaft immer noch überwiegend den evangelischen Kirchen zuzuordnen, deren sozialethische

Tradition relativ jung ist und mehr oder weniger zur Radikalität neigt. Zum anderen fühlen sich viele Unternehmer von den kirchlichen Forderungen überrollt und überfordert. Sie sehen sich von ihrer Kirche auf die Anklagebank versetzt und im Stich gelassen.

Distanz zur Kirche?

Auch katholischen Unternehmern ist der Zugang zu „ihrer" Soziallehre nicht selten erschwert worden. Von abschreckender Wirkung sind hier - wie auch in den evangelischen Kirchen - nicht so sehr die „amtlichen" Kirchenvertreter und ihre „offiziellen" Stellungnahmen, sondern einzelne theologische Interpreten und kirchliche Gruppen, die die kirchliche Autorität für partikuläre Interessen beanspruchen und ideologisch verformen.

Natürlich gehören Kapitalgeber, Arbeitgeber und Manager nicht gerade zu den „Armen" der Gesellschaft, für die sich die Kirche besonders einzusetzen hätte. Anders als die ausgebeuteten Proletarier des 19. Jahrhunderts kann man sie auch nicht als Klasse der sozial Entrechteten ansprechen. Wie die inzwischen arrivierten Arbeitnehmer, die von ihren Gewerkschaften geschützt werden, können sie ihre Interessen machtvoll selbst vertreten und brauchen dazu nicht den kirchlichen Beistand. Unternehmer erwarten auch nicht, daß sich die Kirche besonders um sie kümmere, und es wäre ihnen erst recht peinlich, wenn sie als „arme Sünder" zum kirchlichen Betreuungsobjekt degradiert würden. Denn sie leben eher nach dem Motto: Hilf dir selbst, so hilft dir Gott!

Immer noch geistert in „linken" kirchlichen Kreisen der angebliche Ausspruch des großen Arbeiterseelsorgers Joseph Cardijn herum, die Kirche habe „die Arbeiterschaft verloren". Und das, so beteuert man treuherzig, sei ein „fortwährender Skandal". Man beeilte sich, den Schaden wettzumachen - und ging in gebückter Demutshaltung auf „die Arbeiterschaft" zu. Schuldbekenntnisse zum sozialen Versagen der Kirche kamen in Mode. Gleichzeitig nahm man Abstand zu „denen da oben", zu den Unternehmern, die für alle möglichen Fehlentwicklungen herhalten mußten. Dagegen erhielten die Gewerkschaften, auch wenn sie nur „mehr" forderten, das Gütesiegel sozialer Gerechtigkeit. Hat sich nun dieser Positionswechsel, der namentlich in der evangelischen Kirche wirksam wurde, ausgezahlt? Oder sind nach den Arbeitern, die man nicht zurückgewinnen konnte, jetzt auch noch die Unternehmer davongelaufen?

Eine allzu simple Frage, die eine vorschnelle Antwort nahelegt, wenn die Voraussetzungen nicht geklärt sind. Wer ist eigentlich heute noch „Arbeiter"? Das notleidende, hohlwangige Proletariat ist hierzulande nur noch ein museales Relikt. Worin besteht der Unterschied zwischen Unternehmer und Arbeitnehmer? Beide sind meist angestellt, beide arbeiten auch, wenngleich in verschiedenen Funktionen und Verantwortungsbereichen, nur: Die einen müssen immer mehr, die anderen wollen immer weniger arbeiten. Und beide können nicht das Kapital, das sie bereitstellen, „arbeiten" lassen. Aber worin unterscheiden sie sich in ihrer Nähe und Distanz zur Kirche? Lassen sie sich überhaupt „strategisch" an die Kirche binden - und was zeichnet diese Bindung aus? Ist es nicht vermessen, religiöse Haltungen quantitativ messen und sozialstrategisch hervorrufen zu wollen?

Wie auch immer der demoskopisch erhobene „Wertewandel" zu bewerten ist: Nach neueren Meinungsumfragen hat die kirchliche Bindung der Unternehmer spürbar nachgelassen, die moralische Kompetenz der Kirche gilt bei ihnen nicht (mehr) viel. Die meisten Unternehmer geben zwar an, ihr Gewissen und ihr Handeln nach einer „christlichen Ethik" auszurichten, doch die Soziallehre der Kirche ist ihnen fremd.

Man kann nicht behaupten, die Entfremdung zwischen Kirche und Wirtschaft sei nur auf mangelndes Interesse oder Wissen der Unternehmer zurückzuführen, das sich durch Bildungsanstrengungen leicht beheben ließe. Kirchliche Stellen haben oft genug ihr moralisches Konto sozialökonomisch überzogen und mangelnde Sachkompetenz mit Betroffenheitsattitüden zu kompensieren versucht. Kirchliche Gruppen haben oft genug den politökonomischen Streit um Arbeitslosigkeit, Umweltschutz und Dritte Welt unnötig verschärft, religiös aufgeladen, zur Glaubensfrage hochstilisiert und in den Gottesdienst hineingetragen. Sie haben damit eine gemeinsame sachlich-verantwortliche Suche nach tragfähigen Lösungen eher blockiert.

Manchmal hat es den öffentlichen Anschein, als sei „die" Kirche nur eine soziale Weltverbesserungsinstanz, der das Jenseits abhanden gekommen ist. Dieser Schein trügt aber und entspricht nicht der Gesamtwirklichkeit der Kirche und ihren sozialethischen Ansprüchen. Wenn sich Unternehmer von ihrer Kirche distanzieren, werden sie dadurch weder frömmer noch klüger, sondern nur gleichgültiger. Sie verpassen die Chance, am überlieferten Glaubensgut und Erfahrungsschatz teilzuhaben. Überdies versäumen sie die Gelegenheit, am aktuellen Glaubensleben der Gemeinde aktiv teilzunehmen und es durch ihre Sachkenntnis zu befruchten. Allerdings können sie die katholische Kirche und ihre Soziallehre weder von außen noch von innen auf den „rechten" Weg bringen. Das gilt umgekehrt auch für „linke" Gewerkschaftsvertreter. Überhaupt ist die politische Unterscheidung zwischen „rechts" und „links", „Freund" und „Feind", „konservativ" und „progressiv" für die Kirche nicht maßgebend und stellt keine gültige Kategorie der Katholischen Soziallehre dar.

Der ethische Wahrheitsanspruch der Kirche in sozialen Fragen übersteigt die materiellen Interessen und ideologischen Machtansprüche bestimmter Gruppen; aber er ist nicht unfehlbar, sondern auf den Sachverstand dieser Gruppen angewiesen. Das sozialethisch Wünschbare

20

drängt danach, konkretisiert und realisiert zu werden, stößt aber immer an die Grenzen der Machbarkeit. Schon deshalb ist die Mitwirkung des unternehmerischen Geistes für die Problemlösungskompetenz der Katholischen Soziallehre von bleibender Bedeutung.

2. Alte und neue soziale Fragen

Zur Geschichte der Katholischen Soziallehre

Dem Christentum und der Kirche gegenüber hält sich hartnäckig das Vorurteil, sie hätten in den „sozialen Fragen" der Geschichte versagt. So heißt es etwa, die Kirche habe es immer mit den Reichen und Mächtigen gehalten und die Armen verraten. Vor allem haben die Marxisten ein verständliches Interesse an der stereotypen Reproduktion dieses Klischees, weil sie ein soziales Problemlösungsmonopol für sich in Anspruch nehmen. Aber auch innerhalb der Kirche regen sich befreiungstheologisch inspirierte Gruppen, welche die soziale Vergangenheit der „Amtskirche" in dem Sinne bewältigen, daß sie ihr eine Art Kollektivschuld anhängen. Der mindeste Vorwurf gegenüber der Kirche lautet hier, ihre Soziallehre sei politisch wirkungslos geblieben. Deshalb müsse die Kirche ihre Soziallehre „von unten", „von der Basis her" neu aufbauen und mit sozialistischen Bewegungen ein historisches Bündnis eingehen.

Der große katholische Soziallehrer Oswald von Nell-Breuning, dem man nicht gerade einen Hang zum kirchlichen Triumphalismus nachsagen kann, hat einmal gesagt: „Die heute auf der Höhe des Lebens stehende Generation weiß von ... den großen Leistungen des sozialen Katholizismus . . . so gut wie nichts." Dieser gravierende Mangel hat sich als Resignationsfaktor auf die Aktivitäten der kirchlichen Sozialbewegung lähmend ausgewirkt: Wer in der Vergangenheit versagt hat, von dem ist auch für die Zukunft nichts zu erwarten. Im eigenen Interesse müßte die Kirche mehr für die gerechte Aufarbeitung ihrer Sozialgeschichte tun. Denn Geschichte und Tradition haben nachhaltige Bedeutung für das Verständnis der Gegenwart und die Bewältigung der Zukunft.

Die Katholische Soziallehre ist nicht als fertiges System plötzlich vom Himmel gefallen, sondern hat sich geschichtlich entfaltet. Ihre Entstehungs- und Wirkungsgeschichte zu kennen ist notwendig für ihr richtiges Verständnis. Die Kirche spricht immer konkrete geschichtliche Situationen an, wenn sie orientierende Antworten auf jeweilige soziale Fragen gibt. Mit „sozialer Frage" sind nicht erst jene gesellschaftlichen Strukturprobleme gemeint, die im Zusammenhang mit der Industrialisierung im vorigen Jahrhundert entstanden sind. „Soziale Fragen" tauchen immer und überall dann auf, wenn im zwischenmenschlichen Bereich geistiges und materielles Elend entsteht. Solange es Menschen gibt, herrscht auch zwischenmenschliches Elend. Und solange es Kirche gibt, widmet sie sich sozialen Fragen.

Die Geschichte der Katholischen Soziallehre beginnt also nicht erst mit der „Arbeiterfrage" des 19. Jahrhunderts, auf die die Enzyklika „Rerum novarum" (1891) eine Antwort gab, sondern die Kirche hat sich von ihren Anfängen an in Lehre und Praxis um die sittliche Gestaltung des sozialen Lebens gekümmert: um die „soziale" Frage von Armut, Reichtum und Sklaverei; um die „Wirtschaftsfrage" von Eigentum, Zins und Wucher; um die „politische" Frage von Krieg und Frieden und das Verhältnis Kirche-Staat. Solche Fragen und bestimmte Antworten darauf lassen sich bereits bis in die Heiligen Schriften des Alten und Neuen Testamentes zurückverfolgen, auf welche Quellen sich das kirchliche Lehramt vor allem beruft.

Christlicher Urkommunismus?

In der Apostelgeschichte beispielsweise kann man nachlesen, daß einige sogenannte „Urgemeinden" eine Art „kommunistisches" Ideal verwirklichen wollten. Sie lebten in Gütergemeinschaften, kannten also kein Privateigentum, und waren „ein Herz und eine Seele". Dieses Ideal einer besonders radikalen Nachfolge Jesu ist nur verständlich auf dem Hintergrund der damals herrschenden Naherwartung der unmittelbar bevorstehenden Wiederkunft Christi. Wer das Ende der Welt erwartet, dem fällt es nicht schwer, sich von seinem Besitz und Ballast zu trennen, alles den Armen zu schenken.

Dieses Ideal wurde dann später von den Ordensgemeinschaften aufgegriffen, die es bis heute praktizieren. Dieses Modell einer kommunistischen Wirtschaftsordnung kann sich in kleinen, religiös aktiven Gemeinschaften, deren Mitglieder sich freiwillig dazu entschlossen haben, ganz gut bewähren. Die Kirche hat es aber nie auf die Gesamtgesellschaft übertragen.

Vielmehr erkannte die Kirche immer deutlicher, daß das Eigentum in privater Verfügung einen unentbehrlichen Ordnungsfaktor im Wirtschaftsleben einer Gesellschaft darstellt. Das Privateigentum wurde nicht nur deshalb legitimiert, weil man die erbsündenbedingte Habsucht des Menschen berücksichtigen mußte, auch nicht nur, weil das siebte und zehnte der Zehn Gebote den Diebstahl und sogar das Begehren fremden Eigentums moralisch verbieten, sondern vor allem deshalb, weil man den positiven Ordnungssinn des Eigentums für eine verantwortliche und freiheitliche Wirtschaftsführung ausfindig machte. Im Gegensatz zum Marxismus, der alles Elend dieser Welt, jede menschliche Entfremdung dem Privateigentum anlastet, hat die Kirche auf die soziale Bindung des Eigentums gepocht. Denn mit der Abschaffung des Privateigentums sind keineswegs auch Armut und Elend verschwunden, sondern durch den Kommunismus nur gleichmäßig verteilt.

Hilfe für die Armen

Die Kirche hatte es bis ins 18. Jahrhundert hinein mit einer statisch geordneten Gesellschaft zu tun, die durch Landwirtschaft und Handwerk geprägt war. Innerhalb dieser stabilen, sozial abgesicherten Ständeordnung, die als solche nicht in

Frage gestellt wurde, ging es der Kirche zunächst einmal darum, ethisch verantwortbare Lebensbedingungen zu sichern. Dazu diente auch das sogenannte „Zinsverbot", das den Wucher mit Darlehen zur Beschaffung von Lebensmitteln unterbinden sollte. Unter den neuzeitlichen Bedingungen einer dynamischen Volks- und Geldwirtschaft verlor dieses Verbot seinen Sinn.

Das Elend aber, das sich außerhalb dieser festgefügten und selbstverständlichen Ordnung ereignete, war Gegenstand christlicher Caritas und Fürsorge. Hier war die Kirche die Institution, die sich der Armen und Elenden annahm. Die Gründung caritativer Orden, Spitäler, Asyle etc. geschah zu einer Zeit, als es noch keinen Sozialstaat mit Versorgungsansprüchen gab. Damals gewann die christliche Nächstenliebe eine besonders glaubwürdige institutionelle Form. Die Kirche kümmerte sich damals vor allem um den „traditionellen Typ" des Armen: um Hungernde und Kranke, um Obdachlose und Flüchtlinge, um die Opfer von Kriegen, Hungersnöten und Seuchen, um Witwen und Waisen. Diese „Randgruppen" bildeten bis ins 19. Jahrhundert die vorrangige soziale Frage.

Mit der Auflösung der mittelalterlichen Ordnung kam es zu den ersten großen Strukturkrisen: im religiösen Bereich die Reformation, im wirtschaftlichen und sozialen Bereich die Bauernkriege. Diese Aufstände haben (im nachhinein) gezeigt, daß es nicht damit getan ist, caritative Einzelhilfe zu leisten, sondern daß es darauf ankommt, die strukturellen Ursachen des Massenelends rechtzeitig zu erkennen und auszuräumen. Diese uns heute geläufige strukturelle Sicht der Sozialprobleme ist damals nicht nur der Kirche weitgehend versperrt geblieben.

Kolonialethik

Das 15. Jahrhundert, die Zeit der Entdeckungen und der Kolonisierung, warf viele brennende soziale Fragen auf, etwa die der Sklaverei und der „menschlichen Würde der Heiden". In seiner Bulle „Dudum nostras" von 1430 verurteilt Papst Eugen IV. die Sklaverei und stellt sie unter die Strafe der Exkommunikation. Er verbietet die Aussiedlung der Eingeborenen und proklamiert damit erstmalig das Recht auf Heimat. Papst Paul III. erklärt in seiner Bulle „Veritas ipsa" von 1537, „daß die Indianer und alle übrigen Völker, die den Christen später noch bekannt werden, auch wenn sie außerhalb des Glaubens leben, ihrer Freiheit und der Verfügungsgewalt über ihre Güter nicht beraubt werden dürfen, daß sie im Gegenteil Freiheit und Besitz in rechtmäßiger Unangefochtenheit benutzen, erwerben und sich dessen erfreuen dürfen, daß sie nicht zu Sklaven gemacht werden dürfen und daß alles, was entgegen dem hier Gesagten geschehen mag, ungültig und nichtig ist".

Was dann aber trotz aller beschwörenden Ermahnungen und Anordnungen der Kirche tatsächlich passiert ist, kann an Grausamkeit und

Ungerechtigkeit kaum überboten werden. Die Ausrottung der Indianer in Amerika, die Versklavung der Neger und die Geschichte der Kolonien insgesamt gehören wohl zu den dunkelsten Kapiteln der Weltgeschichte. Nur kann man dieses Kapitel nicht auf das Schuldkonto der Kirche setzen und weder die sogenannte „Amtskirche" noch die Gemeinschaft der wirklich Glaubenden dafür verantwortlich machen. Die Kirche hätte auch gar nicht die Macht gehabt, das zu verhindern, was eingetreten ist und dessen Spätfolgen heute noch sichtbar sind. Auf diesem Hintergrund lassen sich auch einige radikale und revolutionäre Forderungen der lateinamerikanischen „Theologie der Befreiung" erklären.

Arbeiterfrage

Die Lösung der sozialen Frage des 19. Jahrhunderts wurde freilich nicht revolutionär übers Knie gebrochen, sondern geschah auf dem Weg der Reformen, an denen die Kirche maßgeblich beteiligt war. Die damalige gesellschaftliche Situation in Europa läßt durchaus Ähnlichkeiten mit der gegenwärtigen Entwicklungsproblematik Lateinamerikas erkennen: Die sprunghaft einsetzende Industrialisierung und die mit ihr verbundene rein kapitalistische Wirtschaftsweise führten zu einer verstärkten Arbeitsteilung, zu einer strikten Trennung von Kapital und Arbeit sowie zu einer Behandlung des Faktors Arbeit als bloße Ware, die nach Angebot und Nachfrage gehandelt wurde. Damit verbunden war eine

Völkerwanderung vom Land in die Stadt und ein rasantes Bevölkerungswachstum. Folge davon war eine geistige, soziale und ökonomische Entwurzelung breiter Bevölkerungsteile, das Auseinanderfallen der Großfamilien als „soziales Netz" sowie die Verelendung und Proletarisierung der Massen in den Städten.

Die ersten, die diesen Prozeß zu Anfang des 19. Jahrhunderts in Deutschland kommen sahen und lange vor Karl Marx kritisierten, waren drei katholische Intellektuelle: Joseph Görres, Adam Müller und Franz von Baader. Diese Männer und ihre Kreise waren entschiedene Gegner des Liberalkapitalismus und vertraten das romantische Ideal einer berufsständischen Ordnung in Anlehnung an das Mittelalter. Aber nicht diese restaurative Lösung setzte sich durch, sondern die sozialpolitische Reform. Für diese Reformlinie stehen Namen wie Franz Josef Ritter von Buß, Adolf Kolping und vor allem Bischof Wilhelm Emmanuel von Ketteler. Diese christlich-sozialen Persönlichkeiten waren keine Ausnahmeerscheinungen, sozusagen das „soziale Feigenblatt" der Kirche. Sie gelten als Pioniere einer christlich-sozialen Massenbewegung, die über die Zentrumspartei auch politisch wirksam wurde und sich als eigentliche Avantgarde herausstellte.

Dieser Bewegung ging es nicht darum, den überaus produktiven Kapitalismus abzuschaffen, sondern ihm die Giftzähne zu ziehen und ihn sozialpolitisch zu bändigen. Die sozialpolitischen Vorstellungen, wie sie besonders von Bischof Ketteler formuliert worden waren, sind dann auch vom päpstlichen Lehramt aufgegriffen worden. In der ersten Sozialenzyklika „Rerum novarum" von 1891 bestätigte Leo XIII. feierlich das, was der deutsche Sozialkatholizismus bereits Jahrzehnte zuvor gefordert und teilweise auch schon durchgesetzt hatte: erstens die Notwendigkeit staatlicher Sozialpolitik, zweitens die Verbürgung des Koalitionsrechtes (Gewerkschaften) und drittens die soziale Bindung des Privateigentums.

Dieses uns heute selbstverständlich erscheinende Programm wurde schrittweise und gegen große Widerstände realisiert. Es hat sich aber schneller durchgesetzt und vor allem besser bewährt als alle Revolutionsversuche. Nicht die marxistische Revolution, sondern die sozialpolitische Reform hat die soziale Frage des 19. Jahrhunderts weitgehend gelöst. Diesen Lernprozeß haben vor allem die Sozialdemokraten durchmachen müssen. Die marxistische Revolution ist auch nicht im 19., sondern im 20. Jahrhundert erfolgt, und zwar nicht in einem Industriestaat, sondern in einem unterentwickelten Agrarland wie Rußland. Die Revolution von 1917 war auch nicht der Aufstand proletarischer Massen, sondern ein Putsch meuternder Soldaten, angeführt durch Intellektuelle.

Gültige Werterfahrungen

Wäre es nicht naheliegend, wenn die lateinamerikanische Kirche aus den geschichtlichen Erfahrungen, die Europa im Umgang mit ähnlichen Problemen gemacht hat, lernen könnte? Vielleicht ließen sich dann überflüssige Umwege, historische Versäumnisse und gewaltsame Umbrüche leichter vermeiden. Der Dritten Welt ist dauerhaft nicht durch Almosen und Darlehen zu helfen, die abhängig machen. Hilfreicher auch als das technische ist das ordungspolitische und sozialethische „Know how", wie eine Gesellschaft rechtlich und ökonomisch auf die eigenen Beine kommt.

Leider ist die Katholische Soziallehre in Lateinamerika noch weitgehend unbekannt, so daß eine theologische Bewegung mit revolutionärem Pathos in dieses Vakuum eindringen konnte. Von seiten der „Theologie der Befreiung", die selber ihren marxistisch-europäischen Ursprung nicht verleugnen kann, wird der Katholischen Soziallehre eine einseitig „eurozentrische" Ausrichtung vorgeworfen, sie tauge nichts für die Lösung der lateinamerikanischen Probleme.

Dabei stellt die Katholische Soziallehre nicht viel mehr dar als das Kontinuum lehramtlicher Aussagen zu sozialen Fragen, die überall in der Welt auftauchen können. Sie ist im Kern nicht mehr als eine kondensierte soziale Werterfahrung der Kirche über nationale Grenzen hinaus, eine soziale Wertorientierung, die sich auf die Heilige Schrift beruft und der allgemein mensch lichen Vernunft zugänglich ist. Diesen für alle Kulturen und Geschichtsepochen verpflichtend bleibenden Kern der Katholischen Soziallehre herauszufiltern, bedeutet keine leichte theologische Arbeit.

Daß sich die sozialen Fragen wie die kirchlichen Antworten mit der Zeit geändert haben, ist nicht zu bestreiten. Die Katholische Soziallehre erweist sich nicht als ein geschlossenes Ganzes von gleichbleibender Gültigkeit, sondern als eine Lehrentwicklung, die auch Wandlungen, Akzentverlagerungen und Ergänzungen kennt. Änderungen hat es gegeben etwa in den Stellungnahmen zur Religions- und Pressefreiheit, zur Zins- und Eigentumsfrage und zum demokratischen Staatswesen. Päpstliche Dokumente zu sozialen Fragen dürfen nicht wie dogmatische Definitionen gelesen werden. Ihre konkreten Formulierungen sind nur in ihrem geschichtlichen Kontext zu erfassen, was jedoch keine bloße Relativierung bedeutet, da es möglich ist, aus der zeit- und geistesgeschichtlichen Einkleidung dieser Lehre den inneren gleichbleibenden Kern herauszuschälen.

Entscheidend bei der Interpretation und Anwendung lehramtlicher Aussagen ist es, die Substanz, das Prinzip zu erkennen - und zu unterscheiden von dem jeweiligen historischen Kontext, dem geistesgeschichtlichen Kolorit. Es zeigt sich nämlich, daß sich das kirchliche Lehramt in sozialen Fragen meist zu ganz bestimmten Zeitproblemen äußert und sich auf den jeweiligen konkreten Entwicklungsstand bezieht. Das harte Urteil der Kirche gegen den Liberalismus im vorigen Jahrhundert bezog sich auf den damals noch vorherrschenden quasi dogmatischen Weltanschauungscharakter, von dem sich die heutigen liberalen Strömungen weitgehend distanzieren. Ein anderes Beispiel ist die Eigentumsfrage. Hier haben die Päpste im Lauf der Jahrhunderte verschiedenen Eigentumsformen den Vorzug gegeben. Als Prinzip hat sich das Recht auf privates Eigentum in sozialer Bindung durchgehalten.

Übrigens: Wenn es nicht so etwas wie ein bleibendes, geschichts- und kulturübergreifendes Wahrheitskriterium gäbe, wäre es apriori sinnlos, der Kirche irgendein moralisches Versagen in der Geschichte vorzuwerfen. Es ist überdies ziemlich einfach und billig, im nachhinein altklug festzustellen, was alles versäumt worden ist - und was alles hätte geschehen müssen. Im nachhinein sind wir immer klüger und mit Lösungsvorschlägen schnell bei der Hand.

Neue soziale Probleme

Wie sehr sich die sozialen Problemfelder in unserem Jahrhundert verschoben haben, läßt sich sehr gut am Entwicklungsgang der päpstlichen Sozialenzykliken ablesen: „Quadragesimo anno" (1931) verlangt eine bessere Integration und Mitwirkung der Arbeiter im Wirtschaftsleben; gegenüber zentralistischen Tendenzen und Mo nopolen wird der subsidiäre Aufbau der Gesellschaft hervorgehoben. „Mater et Magistra" (1961) unterstreicht den Vorrang der Privatinitiative in der Wirtschaft und rückt die internationale Dimension der sozialen Fragen in den Vordergrund. „Pacem in terris" (1963) klärt die Wertgrundlagen der gesellschaftlichen und politischen Friedensordnung. „Populorum progressio" (1967) legt die Bedingungen für den Fortschritt der Entwicklungsländer dar und plädiert für eine internationale Solidarität.

Den neuen sozialen Problemen widmet sich „Octogesima adveniens" (1971) vor allem zugunsten jener, die an den Rand der Wohlstandsgesellschaft gedrängt werden, weil sie keine mächtigen Interessenverbände hinter sich haben. Dieser „apostolische Brief" weist auch schon auf die ökologischen Grenzen des Wachstums hin, ein Thema, das dann in „Redemptor hominis" (1979) vertieft wird.

Mit „Laborem exercens" (1981) wird die Wandlung von der alten Arbeiterfrage zur neuen Arbeitsfrage besiegelt. Der Arbeitsbegriff wird „entgrenzt", seine sozialethische und religiöse Werthaftigkeit hervorgehoben. Damit wird auch der kreative und innovatorische Charakter der Arbeit unterstrichen. Diese Linie wird weitergeführt in der jüngsten Enzyklika „Sollicitudo rei socialis" (1988), in der das internationale Entwicklungsproblem wieder aufgegriffen und auch unter dem Aspekt von Arbeit und Selbsthilfe abgehandelt wird. In diesem Zusammenhang wird - zum ersten Mal in dieser Ausführlichkeit -

die Arbeit und Initiative der Unternehmer als unentbehrlich gewürdigt und als notwendig gefordert.

Wenn man vorschnell vom Versagen früherer Generationen spricht, wäre es interessant zu wissen, wie man in hundert Jahren über unsere Generation sprechen wird. Wie werden wir eigentlich mit den gegenwärtigen sozialen Problemen fertig, sehen wir sie überhaupt? Und worin sehen wir als Christen unsere Pflicht, sie zu lösen?

3. Notwendigkeiten

Zur Legitimation der Katholischen Soziallehre

Was hat das Christentum überhaupt mit sozialen Fragen zu tun? Soll sich die Kirche nicht besser aus sozialen, ökonomischen und politischen Verwicklungen heraushalten? Bis heute gibt es - insbesondere bei den Liberalen - Stimmen, die der Kirche die Berechtigung bestreiten, zu diesen Fragen öffentlich Stellung zu nehmen, sie wollen die Kirche aus der Öffentlichkeit verdrängen. Die Kirche, so heißt es, gehöre in die Sakristei, ihre Aufgabe sei reine Privatsache. Andererseits wird der Kirche - besonders von Sozialisten - der Vorwurf gemacht, sie habe in den sozialen Fragen der Geschichte versagt. Sie sei erst dann ernst zu nehmen, wenn sie sich zu einer sozialen Emanzipationsbewegung mausere.

Je stärker sich die Kirche in „weltliche" Dinge einmischt, desto mehr läuft sie Gefahr, in Machtkämpfe und Interessenkonflikte hineinzugeraten. Dies ist oft gar nicht zu vermeiden. Auch wenn sich die Kirche „neutral" verhält, kann sie in solche Streitfälle hineingezogen werden. Die Frage ist: Soll sich die Kirche überhaupt an dem üblichen gesellschaftlichen Rollenspiel der Interessenverbände und politischen Parteien beteiligen, von dem sie nicht weiß, wer die Rollen verteilt - und welches Stück gespielt werden soll? Oder soll sie nicht vielmehr eine eigenständige Aufgabe erfüllen, gelegen oder ungelegen und auch auf die Gefahr hin, als Spielverderber zu gelten?

Das paulinische „Paßt euch nicht dieser Welt an, sondern wandelt euch durch ein neues Denken" deutet eher auf die zweite Möglichkeit hin. Nämlich auf die Aufgabe der Kirche, nicht nur die „Zeichen der Zeit" aus dem Glauben zu deuten, sondern auch aktiv zu setzen. Demnach müßte die Kirche selber ein öffentliches Zeichen der Zeit und für die Zeit werden, deren Geist freilich nicht die heile Welt, sondern das Heil der Welt verheißt.

Bessere Bedingungen

Die Kirche ist nicht gesellschaftlich oder demokratisch, sondern religiös legitimiert. Als Gemeinschaft der Gläubigen hat die Kirche in der Gesellschaft - und sei sie auch noch so säkularisiert - das Evangelium vom Reich Gottes öffentlich zu verkündigen und darzustellen. Diese originäre Aufgabe kann sie allerdings nur dann wahrnehmen, wenn sie nicht von einem totalitären Regime daran gehindert wird, das den Anspruch erhebt, das endgültige Heil der Menschheit herbeizuführen. Unter politischen Umständen, die eine freie und öffentliche Religionsausübung nicht zulassen, muß die Kirche, um ihre ureigene Aufgabe erfüllen zu können, auch die politischen Bedingungen der Möglichkeit ihrer eigenen Wirksamkeit verbessern.

Es gibt aber auch ökonomische Bedingungen, die die kirchliche Verkündigung der Frohen Botschaft behindern können. Auf dem Höhepunkt der Weltwirtschaftskrise (1931) schrieb Papst Pius XI. in seiner Enzyklika „Quadragesimo anno": „Die gesellschaftlichen und wirtschaftlichen Verhältnisse der Gegenwart können ohne Übertreibung als derartig bezeichnet werden, daß sie einer ungeheuer großen Zahl von Menschen es außerordentlich schwer machen, das eine Notwendige, ihr ewiges Heil zu wirken." Wenn also widrige Verhältnisse dazu führen können, die Menschen vom Glauben abzubringen und zu demoralisieren, dann können günstige Bedingungen, in denen die Menschenwürde geachtet wird, das Glaubensleben auch erleichtern. Das bedeutet allerdings nicht, daß die Verbesserung von gesellschaftlichen Strukturen heilsnotwendig wäre. Sonst könnte man sich nicht erklären, daß auch zu Zeiten der Kirchenverfolgung und des großen Elends viele Menschen zum Glauben finden.

Wenn soziale, ökonomische und politische Strukturen heilsrelevant, also nicht gleichgültig für das Heilswirken sind, dann kann sich die Kirche nicht auf den privaten Bereich personaler Innerlichkeit und Moralität zurückziehen und darf ihre Aufgabe nicht nur in der Pflege von Liturgie, Gebet und Meditation sehen. Eine privatistische und pietistische Abkapselung ist auch mit dem Missionsauftrag der Christen nicht vereinbar, in alle Welt zu gehen.

Das soziale Engagement der Kirche kann gelegentlich aber auch Formen und Ausmaße annehmen, die den Eindruck entstehen lassen, als habe man es mit einem Partei- oder Gewerkschaftsersatz zu tun, und als sei die Kirche nur dazu da, das Gemeinwohl der Gesellschaft zu fördern. Freilich sind Situationen denkbar und (vor allem in Lateinamerika) auch real gegeben, in denen die Kirche gerade in Ermangelung sozialorientierter Parteien und freier Gewerkschaften „in die Bresche springen" muß, um das Massenelend zurückzudrängen und einigermaßen menschliche und gerechte Verhältnisse herzustellen. Denn einem Verhungernden gegenüber kann man die frohe Botschaft nicht bloß predigen, und es wäre zynisch, ihn auf ein besseres Jenseits zu vertrösten. Ebenso menschenverachtend wäre es zu sagen: Not lehrt beten, also lassen wir es bei der Not.

Wenn besonders den Armen die Frohe Botschaft zu verkünden ist, kann es notwendig sein, zunächst einmal die Lage der Armen tatkräftig zu verbessern. Das ist im übrigen schon vom christlichen Liebesgebot her gefordert. Die Gottes- und Nächstenliebe gehören unlösbar zusammen, und ein Glaube ohne „gute Werke", also gelebte Moral, ist tot. Freilich erschöpft sich der Glaube nicht in Werkgerechtigkeit. Der Inhalt der christlichen Botschaft reicht unendlich weiter, als der Gläubige begreifen und „praktizieren" kann.

Keine Selbsterlösung

Das uns verheißene Reich Gottes ist kein inner-
weltliches Zukunftsreich, das durch Politik und
Gesellschaftsreform hergestellt oder verhindert
werden könnte. Es ist nicht „von dieser Welt".
Vielmehr ist die Herrschaft Gottes, die mit Jesus
Christus begonnen hat und mit seiner Wiederkunft vollendet wird, ein Geschenk der Gnade,
das sich nicht politisch verfügbar machen läßt.
An dieser geheimnisvollen Heilswirklichkeit
kann der gläubige Christ mitwirken, indem er
sich in „guten Werken" der Liebe und Gerechtigkeit bewährt. Er kann sich aber nicht durch eine
werkgerechte „Orthopraxis" das Himmelreich
erwerben.

Die Katholische Soziallehre schließt die Machbarkeit des „neuen Menschen" und die Kon-
struktion eines irdischen Paradieses aus. Sie läßt
sich leiten von der realistischen Einsicht in die
Mangelhaftigkeit des konkreten Menschen und
in die Vorläufigkeit seines Handelns. Aus christlicher Sicht ist der Mensch ein fehlbares Mängelwesen, das, von der Erbsündenverstrickung
belastet, nicht in der Lage ist, die absolute Gerechtigkeit und das perfekte Glück auf Erden zu
realisieren. Die Katholische Soziallehre leidet
also nicht an jenem Münchhausen-Komplex der
Selbsterlösung, wonach man sich am eigenen
Schopf aus dem Sumpf herausziehen kann. Sie
fordert nicht die totalitäre Einheit zwischen
Theorie und Praxis, zwischen Anspruch und
Wirklichkeit, sondern nimmt die bleibende Dif-

ferenz zwischen beiden in Kauf. Sie erträgt die „eschatologische" Differenz zwischen dem „Schon" des Erlöstseins und dem „Noch nicht" der vollendeten Erlösung - und leitet aus der Spannung zwischen der göttlichen Verheißung und ihrer endgültigen Erfüllung keinen politisch-revolutionären Befreiungsauftrag ab.

Vertreter der politischen „Theologie der Befreiung" neigen dazu, diese Spannung zur revolutionären Entladung zu bringen, in der Hoffnung, damit die Ankunft des Reiches Gottes beschleunigen zu können. Versuche dazu hat es in der Geschichte immer wieder gegeben, Joachim von Fiore und die Wiedertäufer von Münster zeugen davon. Auch die Gegenwart kennt befreiungstheologische Versuchungen, eine endgültige Heilsordnung revolutionär zu errichten, zum Beispiel Ernesto Cardenal in Nicaragua. Die klerikalen Revolutionäre wollen in ihrer Ungeduld zwar immer nur das Beste, gehen dabei aber für die Menschlichkeit über Leichen. Man wird an die Bemerkung des Philosophen Karl R. Popper erinnert: Jeder Versuch, den Himmel auf Erden zu verwirklichen, hat stets die Hölle hervorgebracht.

Zwei Reiche

Konstitutiv für die Katholische Soziallehre und auch für den christlich geprägten abendländischen Politikbegriff ist die Unterscheidung (nicht strikte Trennung) der „zwei Reiche", des göttlichen und des weltlichen, sowie die Bescheidung des Politischen auf den weltlichen Bereich, der immer nur ein mangelhaftes Provisorium bleibt. Gerade weil sich christliche Hoffnung auf das politisch nicht machbare ewige „Heil der Welt" bezieht und sich auch nicht mit der ökologisch-pazifistischen Vision einer „heilen Welt" ersatzweise abspeisen läßt, kann sich christlich motivierte Politik darauf konzentrieren, die (staatliche) Gemeinwohlordnung verantwortlich zu gestalten.

Die Katholische Soziallehre ist aber nicht dazu da, irgendeinen gesellschaftlichen Status quo oder einen revolutionären Prozeß dogmatisch zu legitimieren. Wenn die Kirche auch mehr für das ewige Heil als für das zeitliche Wohl des Menschen zuständig und beauftragt ist, so bedeutet das nicht, daß beide Dimensionen völlig zu trennen wären. Als Geschöpf Gottes stellt der Mensch eine Einheit von Geist, unsterblicher Seele und Leib dar. Die Kirche kann diese Einheit nicht auseinanderdividieren - und sich nur um die „Seelen" kümmern in der Hoffnung auf das Reich Gottes. Diese Hoffnung ist übrigens nicht mit einer Resignation vereinbar, die jede Ungerechtigkeit duldet und tatenlos auf das Gottesreich wartet.

Bewährungsproben

Zum kirchlichen Verkündigungs- und Heilsauftrag gehört also der notwendige, wenn auch nicht hinreichende Aspekt der ethischen Bewährung, vor allem zu Gunsten der Armen. Der Eintritt in das Reich Gottes ist bekanntlich an bestimmte ethische Bedingungen geknüpft. Zum Beispiel haben es „die Reichen", die sich ganz auf ihren Reichtum verlassen und nur an ihr eigenes Wohl denken, sehr schwer, in das Himmelreich zu kommen. Die kirchliche „Option für die Armen" ist für Christen ein starkes Motiv, auch im Bereich des Sozialen und Politischen mitzuwirken, um das Leiden zu mindern. Freilich müssen wir zugeben, daß wir als Christen keine speziellen Patentrezepte zur strukturellen Lösung von Armut und Leid besitzen. Wir haben auch keinen Grund zu der Annahme, daß überhaupt ein gesellschaftlicher Zustand erreicht werden könnte, in dem es keine Armut und keinen Mangel mehr gibt.

Gerade in den westlichen Überflußgesellschaften zeigen sich immer neue Formen von Armut und Elend. Sie haben es vor allem mit Angst, Sinnverlust und Orientierungslosigkeit zu tun, die vielleicht auch mit dem Unvermögen der säkularisierten Gesellschaft zusammenhängen, moralische und sinnstiftende Verbindlichkeiten zu begründen und ein Klima des Vertrauens und der Hoffnung zu vermitteln. Auch in einem perfekten Wohlfahrts- und Sozialstaat ist das Seelenheil nicht in den Strukturen zu finden. Glaube, Hoffnung und Liebe lassen sich nicht gesamtgesellschaftlich institutionalisieren, auch nicht in einem „christlichen Staat", sondern nur auf personaler Ebene erfahren. Auf dieser Ebene liegt wohl auch das Hauptbewährungsfeld der

Kirche, der es primär um eine „Bekehrung der Herzen" gehen muß.

Der kirchlich vermittelte Glaube und das entsprechende sittliche Verhalten sind vorrangig eine personale Angelegenheit. Sie setzen die Gnade, die Freiheit und das Gewissen des einzelnen voraus und dürfen deshalb nicht gesellschaftlich erzwungen werden, etwa durch politische Entscheidungen oder rechtliche Strukturen. Als soziales Wesen ist der Mensch aber auf die Gesellschaft, also auf das Beziehungsgeflecht zwischen den Menschen, naturgemäß ausgerichtet und angewiesen. Seine Werteinstellungen und Handlungen färben auf die gesellschaflichen Strukturen und Institutionen ab, deren Träger er ist - und von denen er auch getragen und beeinflußt wird.

Das Evangelium enthält aber keine politischen Handlungsanweisungen zum Aufbau einer spezifisch „christlichen" Wirtschafts- und Gesellschaftsordnung. Mit der Bergpredigt läßt sich, wie Bismarck sagte, „kein Staat machen". Ihr Geltungsbereich ist die Kirche, die zwar als „Kontrastgesellschaft" gelten und als „Sauerteig" wirken kann, sich jedoch nicht an die Stelle der Gesamtgesellschaft setzen darf.

Die Kirche hat deshalb in ihrer Soziallehre Ordnungsprinzipien und Wertkriterien entwickelt, die sowohl mit dem Glauben vereinbar als auch der allgemeinen Vernunft zugänglich sind. Davon wird noch zu sprechen sein. Die Katholische Soziallehre wendet sich an alle Menschen guten

Willens und pocht nicht nur auf den Glaubensgehorsam kirchengebundener Christen. Die Kirche ist legitimiert und sogar verpflichtet, sich
kritisch und konstruktiv zu grundlegenden
Wertfragen der Wirtschafts- und Gesellschaftsordnung zu äußern, ohne ein konkretes Modell
dogmatisch vorzuschreiben. Die Frage nach den
Grenzen kirchlicher Sachkompetenz ist damit
nur aufgeworfen, aber noch nicht beantwortet.

4. Zuständigkeiten

Zu den Grenzen der kirchlichen Kompetenz

Das kirchliche Lehramt ist nicht nur legitimiert, sondern auch dafür zuständig, die jeweiligen sozialen Fragen aus der Sicht des Glaubens und der Ethik einer Bewertung zu unterziehen. Die lehramtliche Katholische Soziallehre soll dazu dienen, das verantwortliche Handeln der Gläubigen innerhalb der gegebenen Gesellschafts- und Wirtschaftsordnung zu orientieren und auch zur aktiven Gestaltung und Verbesserung dieser Ordnung anzuregen. Dabei beschränkt sich die Katholische Soziallehre nicht auf eine Schärfung der Gewissen oder auf eine Einschärfung abstrakter Prinzipien und Normen, die nur ständig zu wiederholen wären.

In ihrem wesentlichen Kern stellt die Katholische Soziallehre eine prinzipielle Entfaltung des christlichen Menschenbildes dar. Ihre bleibende Substanz, ihre Hauptprinzipien lassen sich schnell nennen: Solidarität, Subsidiarität, Gemeinwohl. Sie finden, wie Oswald von Nell-Breuning einmal bemerkte, Platz auf einem Fingernagel. Aber was bedeuten diese Abstraktionen inhaltlich für die Praxis? Wie kann man sie auf das gesellschaftliche Leben beziehen und anwenden? Welche konkreten Erfahrungen und

institutionellen Vermittlungen sind dabei zu berücksichtigen? Welche Handlungsmotivationen
und -kriterien sind aus dem Glauben zu schöp-
fen?

Auf diese Fragen sucht die Katholische Soziallehre Antworten zu geben, die der jeweiligen
sozialen Herausforderung angemessen sind. Bei
den Enzykliken handelt es sich um praxisbezo-
gene rahmenhafte Orientierungen, welche die
Richtung anzeigen, in der nach konkreten Lösungen zu suchen ist. Die technisch-instrumen-
tellen Lösungen einzelner Sachprobleme liegen
allerdings nicht in der Kompetenz des kirchlichen Amtes. Sondern die Kirche überläßt diese
Frage dem Sachverstand der Laien und Fachleute, die zu unterschiedlichen Urteilen über die
Mittel und Wege kommen können, die zum sel-
ben Ziel führen. Viele Wege führen bekanntlich
nach Rom.

Zwischen den allgemeinen Prinzipien und den
konkreten Lösungen liegt ein langer und oft ver-
schlungener Weg, den die Katholische Soziallehre in der realistischen Wahrnehmung, ethischen Bewertung und Bewältigung der Wirklichkeit zurücklegen muß. Die meisten Dokumente der Katholischen Soziallehre beginnen
mit einer - wenigstens skizzenhaften - Beschrei-
bung und Bewertung der Situation, in die sie
jeweils hineinsprechen. Sie fragen nach den Wirkungen der sozioökonomischen Strukturen und
gehen auch auf die Möglichkeit oder Notwendigkeit gesellschaftlicher Veränderungen ein.

Geborgte Kompetenz?

Um ihrer Wirksamkeit willen ist die Kirche auf eine zutreffende Analyse der jeweiligen Situation angewiesen. Die kirchlichen Verlautbarungen beanspruchen für sich keine besondere Kompetenz für wissenschaftliche Analysen, sondern sind hier auf die Ergebnisse der Fachwissenschaften angewiesen, um auf konkrete Situationen, auf die materiellen Vorgegebenheiten und gesellschaftlichen Konditionen menschlicher Existenz eingehen zu können.

Für ein sachgerechtes Eingehen auf soziale und politische Fragen ist die Berücksichtigung wissenschaftlicher Forschungsergebnisse notwendig. Die Frage, wie konkret und zutreffend sich das kirchliche Lehramt zu sozialen Fragen äußern kann, hängt freilich auch mit der Frage zusammen, wie zuverlässig und wirklichkeitsgetreu sozialwissenschaftliche Aussagen sein können. Die moralische Glaubwürdigkeit einer Kirche, die sich ganz auf eine geborgte wissenschaftliche Kompetenz verließe, müßte aber in dem Maße Schaden nehmen, wie die Wissenschaften dem Irrtum unterworfen sind.

Soziologen und Volkswirtschaftler räumen zunehmend ein, wie unvollkommen und provisorisch ihre Analysen und Therapievorschläge sind, wie unzutreffend vor allem ihre Prognosen sein können. Der Verheißungsglanz der Zukunfts- und Friedensforschung ist erloschen. In der Diskussion um Kernenergie und Umweltschutz gibt es auch unter Naturwissenschaftlern erhebliche Meinungsunterschiede, was zu großen Vertrauenseinbußen geführt hat. Immer deutlicher tritt der hypothetische Charakter wissenschaftlicher Aussagen hervor, die falsifizierbar sind und nur so lange gelten, wie sie sich in der Praxis bewähren.

Gerade in den Sozialwissenschaften haben sich verschiedene Schulen herausgebildet, die sich gegenseitig widersprechen und bekämpfen. Ihre Tauglichkeit für die politische Praxis wird zunehmend bestritten. Vor einer unkritischen Übernahme soziologischer Theorien in Kirche und Theologie hat vor allem der Sozialethiker Wilhelm Weber gewarnt. Er weist nach, daß den großen soziologischen Theorien weltanschauliche Entwürfe zugrunde lägen, denen oft der Makel eines Religionsersatzes anhafte. Und die Kirche, so Weber, sollte nicht auch noch ihren eigenen Ersatz beerben.

Werte und Hypothesen

So lassen sich oft auch in den Sozialwissenschaften, die sich als „rein analytisch" und „vorurteilsfrei" verstehen, bestimmte Wertvoraussetzungen nachweisen. Auch sogenannte „positivistische" oder empirische Sozialtheorien sind nicht frei von solchen Wertprämissen und enthalten etwa das Interesse, den Status quo zu stabilisieren. Der marxistischen Analyse dagegen liegt von vornherein ein revolutionäres Veränderungsinteresse zugrunde; sie enthält nicht nur

Ursachenbewertungen (Eigentum und Kapitalismus als Grundübel), sondern ist überdies unlösbar mit einer bestimmten Therapie verbunden (revolutionärer Klassenkampf) und zielt auf eine Prognose des Geschichtsverlaufs ab (Sozialismus, Kommunismus, klassenlose Gesellschaft).

In der kritischen Auseinandersetzung der Katholischen Soziallehre mit der „Theologie der Befreiung" spielen Vorbehalte gegen diese Art von „Analyse" eine große Rolle. Während die Weltanschauung und der Wissenschaftscharakter des Marxismus von den Fachleuten im Westen und neuerdings auch im Osten zunehmend dementiert und demontiert werden, gibt es immer noch zurückgebliebene „fortschrittliche" Theologen, die dieses untaugliche Instrumentarium in ihre „politische Theologie" integrieren. Die Instruktion der römischen „Kongregation für die Glaubenslehre" vom 6. August 1984 nennt drei Auswahlkriterien, nach denen die Verwendung einer Methode im kirchlich-theologischen Bereich erfolgen kann: 1. Sie muß einer kritischen Prüfung erkenntnistheoretischer Art unterzogen werden. 2. Sie hat für die Theologie nur instrumentalen Wert und muß nach theologischen Wahrheitskriterien überprüft werden. 3. Sie hat sich vor allem „von der zu beschreibenden Wirklichkeit belehren zu lassen, ohne vorgefaßte Ideen". Dabei muß sie sich ihrer Begrenztheit bewußt bleiben, da sie nur Teilaspekte der Wirklichkeit erfaßt und hypothetischen Charakters ist.

Darüber hinaus gilt für den Bereich der lehramtlichen Verkündigung: Je mehr sachwissenschaftliche Analysen übernommen werden, desto stärker gewinnt ihr Sprechen einen hypothetisch-falsifizierbaren Charakter, der einen Verbindlichkeitsschwund signalisiert, weil er auf einer geborgten und oft bestreitbaren Sachkompetenz aufbaut. Konditionale Aussagen mit einer „Wenn-dann"-Struktur sind in der Schlußfolgerung unverbindlich, wenn schon die Voraussetzung bestreitbar ist.

Andererseits - und hier zeigt sich ein echtes Dilemma - büßt die Kirche einen erheblichen Teil ihrer Wirkungsmöglichkeiten ein, wenn sie auf den sozialwissenschaftlichen und auch naturwissenschaftlichen Zugang zur konkreten Wirklichkeit verzichtet. Zur Lösung dieses Dilemmas bietet sich ein pragmatischer Mittelweg an, auf dem sich die Kirche über ihre theologische Wissenschaft am allgemeinen wissenschaftlichen Dialog beteiligt. In diesem Dialog geht es, kurz gesagt, um ein doppeltes Programm: Daß nämlich die Kirche einerseits ihre Wertkriterien in den wissenschaftlichen Diskurs einführt - und daß sie sich andererseits jener empirischen Einzelwissenschaften vorsichtig bedient, deren Ergebnisse in der Praxis nachprüfbar sind und sich allgemein bewährt haben, die also weitgehend unbestritten sind und als einigermaßen gesichert angesehen werden können.

Freilich kann die Kirche nicht jetzt noch dem neuzeitlichen Fortschrittsmythos erliegen, als ob durch die modernen Wissenschaften im Laufe der Zeit alle Probleme lösbar, alle Zukunftsvorhaben planbar und durch Technik machbar seien. Am Beispiel der Gentechnologie wird gegenwärtig besonders deutlich, daß Fachwissenschaften nicht nur alte Probleme lösen, sondern auch gravierende neue hervorrufen können. Schon im wissenschaftlichen Experiment können Techniken in ihrer Anwendung inhuman sein, ohne daß man ihre weiteren Folgen abwarten müßte (zum Beispiel Experimente mit menschlichen Embryozellen). Das gilt auch für sozialwissenschaftliche Experimente mit gesellschaftlichen Gruppen, die durch bestimmte Sozialtechniken manipuliert und entpersonalisiert werden können. Gerade hier zeigt sich, daß die empirischen Sozialwissenschaften auf ethische Normen angewiesen sind, die sie nicht mit ihren eigenen Methoden begründen können. Hier kann sich dann auch die ethische Wertkompetenz der Kirche bewähren.

Kompetenzverteilung

Es gibt immer noch Gläubige, die mit allzu großen Erwartungen an das kirchliche Lehramt herantreten und in ihm eine universale soziale Problemlösungsinstanz erblicken. Als ob das Lehramt von Rom aus sämtliche Probleme in aller Welt überblicken und lösen könnte. Es wäre überfordert, die komplexen internationalen Zusammenhänge in den Griff zu bekommen und konkret zu sagen, wie im einzelnen die Armut in Brasilien zu beseitigen, die Arbeitslosigkeit in

52

den Industriestaaten abzubauen und der Umweltschutz überall zu institutionalisieren sei. Und wenn es auch konkrete Maßnahmen vorschlagen würde, wäre damit noch nicht die Garantie der Realisierbarkeit gegeben.

Aus diesen Gründen gibt es auch in der Kirche eine Kompetenzverteilung nach dem Subsidiaritätsprinzip. Die ortskirchlichen Bischöfe und nationalen Bischofskonferenzen sind viel näher an den Brennpunkten und können viel sachkompetenter und deutlicher sprechen. In ihren „Hirtenworten" können sie sich auch leichter mit detaillierten Vorschlägen vorwagen, als es die zurückhaltend formulierten päpstlichen Enzykliken tun.

Aber auch für diese Ebene der kirchlichen Sozialverkündigung gilt der Verzicht, konkrete Lösungen und Modelle autoritativ vorzuschreiben. Damit nimmt die Kirche Rücksicht auf die relative Autonomie der gesellschaftlichen Sachbereiche, die ihre eigenen Regelkreise haben. Sie akzeptiert die Pluralität der Gesellschaft, deren Gruppen auf verschiedenen Wegen ihre Werte verwirklichen können. Und sie respektiert die Säkularität des Staates, der nicht im Dienst einer bestimmten Religion zu stehen hat, sondern ethischen Werten verpflichtet ist, die konsensfähig sind.

Gesellschaftlich ernst genommen wird die Kirche nicht, wenn sie sich nur auf eine sentimentale „Kompetenz der Betroffenheit" beruft, die Inflation von Solidaritätserklärungen verstärkt und das jugendbewegte Protestverhalten nachahmt. Die Katholische Soziallehre erschöpft sich nicht in rhetorischer Kritik und versteift sich nicht auf eine Abwehrhaltung, die in der bloßen Verneinung des Negativen eine Verbesserung der Lage gläubig erwartet. Vielmehr erweist sich ihre „Kompetenz der Verantwortung" vor allem darin, daß sie sich konstruktiv und wertbewußt an der Gestaltung der Gesellschaft beteiligt. Gefragt ist dabei eine praktische Verbindung von Wert- und Sachkompetenz, die nur in einem Zusammenspiel von kirchlichem Amt, wissenschaftlicher Vermittlung und praktischer Bewährung gelingen kann.

5. Verbindliches Sprechen und Handeln

Zu den Autoren, Trägern und Adressaten der Katholischen Soziallehre

Der Begriff der Katholischen Soziallehre ist vielschichtig. Ihr richtiges Verständnis hängt vom authentischen Selbstverständnis der katholischen Kirche ab. Die Kirche versteht sich als hierarchisch gegliedertes Volk Gottes, als eine mystische Glaubensgemeinschaft, die vom kirchlichen Amt geordnet wird. Als lehramtliche Träger und verbindliche Autoren der Katholischen Soziallehre sind infolgedessen der Papst und die Bischöfe anzusprechen. Das „ordentliche" Lehramt definiert also den Inhalt und die Grenzen der Katholischen Soziallehre. Allerdings erhebt es dabei nicht den Anspruch auf Unfehlbarkeit. Die Kirche kennt keine sozialen, politischen oder ökonomischen Dogmen. Soziale Fragen lassen sich nicht dogmatisch klären und ein für allemal festlegen.

Arbeitsteilung

Vielmehr ist das Lehramt auf den praktischen und theoretischen Sachverstand der Laien und Priester verwiesen, wenn es den Zugang zur sozialen Wirklichkeit sucht. Päpste und Bischöfe lassen sich meist fachlich beraten, bevor sie mit sozialen Verlautbarungen an die Öffentlichkeit treten.

So darf man hinter den Sozialenzykliken einen Stab von „Ghostwritern" vermuten. Schon die erste Sozialenzyklika „Rerum novarum" verdankte sich weitgehend den Beratungsergebnissen der „Union de Fribourg", einer Vereinigung von Gelehrten und Praktikern. Von „Quadragesimo anno" ist bekannt, daß sie überwiegend von den Sozialwissenschaftlern Gustav Gundlach und Oswald von Nell-Breuning verfaßt wurde. Zu den Autoren und Trägern der Katholischen Soziallehre gehören indirekt also auch die theologischen Fachvertreter, die nicht nur die nachträgliche Systematisierung und kritische Reflexion besorgen, sondern auch an der inhaltlichen Entwicklung der lehramtlichen Sozialverkündigung oft maßgeblichen Anteil haben.

Ihrerseits sind diese Ebenen des Lehramtes und der Wissenschaft meist sehr eng mit einer dritten Ebene verbunden, nämlich mit der katholischen Sozialbewegung. Dazu zählen in der Bundesrepublik Deutschland vor allem die Katholische Arbeitnehmerbewegung (KAB), das Kolpingwerk, die Katholiken in Wirtschaft und Verwaltung (KKV) sowie der Bund Katholischer Unternehmer (BKU). Diesen kirchlichen Sozialverbänden und Gruppen ist mehr die praktisch-konkrete Vermittlung der Katholischen Soziallehre in den gesellschaftlichen, wirtschaftlichen und politischen Bereich aufgetragen. Dabei sind sie keineswegs bloß ausführende Organe, die die „Theorie" in die „Praxis" nur umzusetzen hätten. Auf dieser Ebene zeichnet sich eine breite Pluralität von Initiativen ab, die von unterschiedlichen

Standorten, Interessen und Sachkompetenzen geprägt sind. Diese vielfältigen Aktionen bedürfen des objektivierenden Filters der wissenschaftlichen Ebene, um sich auf die Lehrentwicklung der Amtsebene auswirken zu können.

Diese Arbeitsteilung zwischen Amt, Wissenschaft und Bewegung bedeutet keine Einbahnstraße von „oben nach unten" oder von „unten nach oben". Vielmehr bilden die drei Ebenen einen dynamischen Zusammenhang. Sie sind voneinander abhängig und durchdringen sich gegenseitig. Wie variabel hier faktisch die Grenzen verlaufen, zeigt die Entstehungs- und Wirkungsgeschichte einer Enzyklika wie „Rerum novarum". Nach kirchlichem Selbstverständnis sind aber allein der Papst und das Bischofskollegium legitimiert, verbindlich im Namen der Weltkirche zu sprechen, und zwar nicht nur in dogmatischen, sondern auch in sozialen Fragen, die den Glauben und die Sittlichkeit berühren. Weder einzelne Wissenschaftler und Verbände noch einzelne Bischöfe und Priester repräsentieren die Katholische Soziallehre schlechthin.

Es gibt also eine abgestufte Verbindlichkeit der Katholischen Soziallehre zwischen den Amtsträgern und den Laien, zwischen der universalen Kirche und der Ortskirche. Damit kann der Kernbereich der Soziallehre leichter vor ideologischen Vereinseitigungen und partikulären Interessen geschützt werden. Natürlich strebt jede sozialorientierte Gruppe innerhalb der Kirche danach, die Autorität der Katholischen Soziallehre für sich in Anspruch zu nehmen. Andererseits ist die Katholische Soziallehre auf den Sachverstand dieser Gruppen angewiesen. In der Praxis kommt es freilich nicht nur auf den autoritativen Geltungsanspruch der Katholischen Soziallehre und die Gehorsamsbereitschaft der Gläubigen an, sondern vor allem auf die überzeugenden Argumente der Katholischen Soziallehre und die Mitwirkungsbereitschaft ihrer Adressaten.

Katholische Soziallehre - made in USA

In der Bundesrepublik Deutschland und in den meisten anderen Ortskirchen gelten bischöfliche Hirtenbriefe vor allem als pastorale Ermahnungen der Bischöfe (als Autoren) an Kirchenvolk und Öffentlichkeit (als Adressaten). Die einflußnehmenden Berater und Verbände bleiben meist verborgen. Die Diskussion über die veröffentlichten Stellungnahmen beschränkt sich meist auf die innerkirchliche Öffentlichkeit.

Ganz anders gehen seit einigen Jahren die US-amerikanischen Bischöfe vor. Das von ihnen 1986 verabschiedete Dokument über „Wirtschaftliche Gerechtigkeit für alle - Hirtenbrief über die Katholische Soziallehre und die amerikanische Wirtschaft" hat mehr internationale Aufmerksamkeit und Resonanz gefunden als irgendeine andere bischöfliche Verlautbarung. Originell daran ist nicht so sehr die inhaltliche Konkretisierung der Katholischen Soziallehre aus amerikanischer Sicht, sondern die außergewöhnliche Vorgehensweise. Sie erinnert an eine ausgeklügelte Marketing-Strategie: Hier können die „Konsumenten" über ihr nachgefragtes „Produkt" mitbestimmen. Die Adressaten sind zugleich Mitautoren dessen, wonach sie sich auszurichten haben.

Die Beratung des Hirtenbriefs geriet zu einem großangelegten Dialog zwischen Laien und Hierarchie, zwischen Kirche und Öffentlichkeit. Drei Entwürfe wurden ausführlich diskutiert. In zahlreichen Hearings, Symposien und Gutachten konnten sich die unterschiedlichsten Positionen und Argumente öffentlich artikulieren. Die Ergebnisse dieser Diskussion, die weit über die Landesgrenzen hinausging, wurden in den Entwürfen und schließlich in der Endfassung des Hirtenbriefs berücksichtigt.

Und das Ergebnis? Ein Kompendium der katholischen Wirtschaftsethik unter besonderer Berücksichtigung der aktuellen amerikanischen Wirtschaftspolitik. Ziemlich unproblematisch sind die vorgestellten ethischen Grundsätze, die sich allesamt in der katholisch-sozialen Lehrtradition wiederfinden: Menschenwürde, Solidarität, Gemeinwohl, Menschenrechte, Option für die Armen, Subsidiarität. Diese grundsätzlichen Forderungen können auf einen breiten Konsens bauen, nicht nur unter Katholiken.

Anders ist es mit einigen konkreten Maßnahmen, die die Bischöfe zusammen mit den Gegnern der damaligen „Reaganomics" forderten: zum Beispiel Regierungsprogramme zur Schaffung neuer Arbeitsplätze. Der Forderungskatalog verrät ein starkes Vertrauen in den Staat, was wiederum verständlich wird, wenn man den sozialstaatlichen Nachholbedarf des amerikanischen Systems voraussetzt. Die Anregungen der Bischöfe zielen auf mehr soziale Marktwirtschaft, also auch auf das deutsche Modell mit seinen sozialpolitischen Ausprägungen.

Über die Zweckmäßigkeit der konkreten Forderungen läßt sich bis heute trefflich streiten, was auch die Bischöfe einräumen: „Wir wissen, daß einige unserer speziellen Empfehlungen umstritten sind. Als Bischöfe behaupten wir nicht, daß wir diese ausgewogenen Urteile mit derselben Autorität vortragen wie unsere Grundsatzerklärungen. Aber wir fühlen uns verpflichtet, ein Beispiel dafür zu geben, wie Christen wirtschaftliche Sachverhalte konkret analysieren und Sachurteile fällen können."

Diese Aufgabe der konkreten Analyse und Gestaltung der sozialen Wirklichkeit im Licht der lehramtlichen Katholischen Soziallehre wird hierzulande vor allem von den katholischen Sozialverbänden wahrgenommen. Diese fehlen aber in den Vereinigten Staaten. Die Kirche dort hat bis heute keinen sozialen Verbandskatholizismus hervorgebracht, der ihr öffentliche Wirksamkeit und Anerkennung eingebracht hätte. Die Katholische Soziallehre war in Vergessenheit geraten. Das mag die Bischöfe dazu bewegt haben, sich in einem langwierigen Prozeß der Konsultationen und Diskussionen sachkundig zu

60

machen. Damit stellen sie eine lernende Kirche dar, die ohne klerikale Bevormundung bereit ist, auf den Sachverstand der Laien zu hören.

Verliert sie damit aber nicht den Charakter einer lehrenden Kirche? Leidet nicht die lehramtliche Autorität der Bischöfe, wenn sie nicht nur sinnstiftende Orientierungen, sondern auch konkrete politische Handlungsanleitungen geben, die sich schnell als falsch erweisen können? Die amerikanischen Bischöfe haben nicht bloß eine Diskussion moderiert und protokolliert, sondern entschieden, wer als Sachverständiger anzuhören und welcher Vorschlag zu übernehmen sei - in Übereinstimmung mit der Katholischen Soziallehre. Das setzt freilich nicht nur eine ethische, sondern auch eine ökonomisch-politische Kompetenz voraus. Da wird man fragen dürfen: Haben sich die Bischöfe damit nicht ein wenig überfordert? Die amerikanische Methode läßt sich kaum auf alle Ortskirchen, geschweige denn auf die Weltkirchenebene übertragen.

Politischer Klerikalismus?

Den amerikanischen und deutschen Bischöfen läßt sich nicht der Vorwurf machen, sie strebten eine integralistische Vereinnahmung der Wirtschaft oder eine klerikale Bevormundung der Politik an. Die kirchliche Hierarchie bekennt sich vielmehr ausdrücklich dazu, die verantwortliche Selbständigkeit der gesellschaftlichen Teilbereiche zu respektieren. Sie erkennt die „rechtmäßige Eigengesetzlichkeit der Kultur und vor allem der Wissenschaften" an („Gaudium et spes" Nr. 59). Sie schreibt der pluralistischen Gesellschaft nicht vor, wie sie auf einem angeblich einzig legitimen und gangbaren Weg die gebotenen Zielwerte realisieren kann. Und sie legt Wert darauf, daß der Staat „weltlich" bleibt und sich nicht anmaßt, religiöse Heilserwartungen politisch zu erfüllen.

Ein Rückfall in den Fundamentalismus, der sich aber nicht auf die Katholische Soziallehre berufen kann, sondern eher der „Befreiungstheologie" zuzurechnen ist, zeichnet sich in einigen kirchlichen Randbewegungen ab. Kennzeichnend dafür ist, daß ökonomische und politische Fragen zu dogmatischen Glaubensfragen hochstilisiert und in den Gottesdienst hineingezogen werden. Demonstrative Wallfahrten, Meßfeiern und andere Gebetsveranstaltungen werden gelegentlich zugunsten einer Interessengruppe oder politischen Bewegung abgehalten. Geistliche in Amtstracht setzen ihre religiöse Autorität für zweifelhafte politische Ziele und Methoden ein - und damit auch aufs Spiel. Wenn aber die Liturgie einseitig politisiert wird, riskiert man, daß sie, die die Einheit der Kirche darstellen soll, zum Sprengsatz wird und den innerkirchlichen Frieden gefährdet.

Die „Politurgie" ist eine Gefahr für den Glauben und die Politik. Notwendige und auch in der Kirche legitime politisch-ökonomische Kontroversen werden von der rationalen Argumentationsebene in den Bereich religiöser Bekenntnisse verlagert. Wenn die Liturgie zum Ort des politischen Streits wird, kann dieser religiös aufgeladen werden und Formen des Glaubenskrieges annehmen. In der Logik dieses Gedankens läge es dann, daß politisch und ökonomisch Andersdenkende ihre eigenen Gottesdienste veranstalten. Die vorgetragenen Texte, Gebete und Fürbitten bestätigen dann nur noch die eigene partikuläre Meinung oder geraten zur manipulativen Agitation.

Üblich und legitim ist die gottesdienstliche Aufnahme politisch-moralischer Themen, wenn es zum Beispiel den Gemeinden auch um die Sicherung des Friedens, die Bewahrung der Schöpfung und um Arbeitsmöglichkeiten geht. Für diese Ziele lohnt es sich zu beten und zu arbeiten. Aber sind sie erreichbar auf dem Weg der einseitigen Abrüstung, der Abschaltung von Atomkraftwerken und der Bekämpfung einer Betriebsstillegung? Woher will man wissen, daß Gott für die 35-Stunden-Woche ist?

Mißbraucht wird die Liturgie, der Zentralbereich des kirchlichen Lebens, wenn sie in den Dienst einseitiger Ideologien und konkreter Lösungsvorschläge gestellt wird, die einer bestimmten Parteimeinung oder einem partikulären Machtinteresse zugeordnet werden können. Im gottesdienstlichen Kontext würden solche Einseitigkeiten nicht aufgrund rationaler Sachargumente, sondern kraft „höherer Weihe" zur Wirkung kommen. Die Religionskritik hat ein leichtes Spiel, den ideologischen Charakter dieser Glaubensäußerung zu entlarven. Die Richtigkeit und Überzeugungskraft eines konkreten Sacharguments muß auf eigenen Füßen stehen und darf keine Autoritätsanleihen bei einer Religion oder kirchlichen Institution machen, die das Sachproblem nicht eindeutig entscheidet.

Alle angesprochen

Bei manchen politischen Gottesdiensten hört man zwar den liturgischen Brustton der Glaubensüberzeugung heraus. Aber man spürt deutlich, daß hier ein Mangel an rationalen Argumenten kompensiert werden soll durch einen großen Aufwand an Frömmigkeit, Gesinnungstüchtigkeit und ängstlicher Betroffenheit. Auf dieser Ebene kann die Kirche freilich nicht in ein fruchtbares und überzeugendes Gespräch mit der Gesellschaft eintreten. Mit einer Gesellschaft, die um ihrer Freiheit willen die totalitäre Einheit von Glauben und Politik, von Kirche und Staat ablehnt, die aber auf die sinngebenden und friedensstiftenden Orientierungen der Kirche angewiesen bleibt.

Die Katholische Soziallehre hat es nicht mehr nur mit Adressaten zu tun, die der Kirche verbunden sind, sondern zunehmend mit Angehörigen anderer Konfessionen, mit Nichtgläubigen und Atheisten. Die päpstlichen Schreiben, früher fast ausschließlich an die Bischöfe und Könige gerichtet, die dem Heiligen Stuhl verbunden waren, erweitern seit Leo XIII. ihren Adressatenkreis und wenden sich letzten Endes „an alle

Menschen guten Willens". Schon deshalb appelliert die Katholische Soziallehre werbend auch an die sittliche Vernunfteinsicht aller Menschen - und nicht nur an den Glaubensgehorsam kirchengebundener Christen.

Gegenstand der Katholischen Soziallehre sind nicht der modellhafte Aufbau und die religiöse Ausrichtung kirchlicher Gemeinden, die als „Basisgemeinden" oder „Kontrastgesellschaft" die strukturelle Umgestaltung der „bürgerlichen" Gesellschaft bewirken sollen. Die Kirche hat zwar als „Sauerteig", als „Licht der Welt" und „Stadt auf dem Berge" ein glaubwürdiges Zeugnis für alle Menschen abzulegen. Dieser hohe Auftrag, der ohnehin nur mangelhaft erfüllt wird, kann aber nicht den Anspruch begründen, innerkirchliche Strukturen und Normen auf die Gesamtgesellschaft zu übertragen. Die Katholische Soziallehre bezweckt keine integralistische Verkirchlichung der Gesellschaft, sondern will - gemeinsam mit anderen Kräften - an der menschengerechten Gestaltung der Gesellschaft mitwirken.

6. Prinzipielle Orientierungen

Zu den normativen Inhalten der Katholischen Soziallehre

Die Frage ist zunächst, ob die Glaubenswahrheiten der Kirche von sich aus einen inhaltlich neuen Beitrag zur Lösung der jeweiligen sozialen Fragen beisteuern können. Geben die dogmatischen Bestimmungen über die göttliche Dreifaltigkeit und Menschwerdung, über Auferstehung, Erlösung und Reich Gottes positive Auskünfte über die menschliche Weltverantwortung und -gestaltung? Enthalten sie eindeutige Aussagen zu den Problemen der Friedenssicherung, der Arbeitslosigkeit, der Umweltverschmutzung oder der Armut in der Dritten Welt? Weder die jeweiligen Themen noch die Problemlösungen, welche die Katholische Soziallehre zu behandeln hat, sind vom Credo vorgegeben.

Glaubensgeheimnisse

Es handelt sich um „Geheimnisse des Glaubens", die das Handeln Gottes und nicht des Menschen bezeichnen. Aus ihnen lassen sich aber einige Vorbehalte herauslesen, zum Beispiel daß sich der Mensch nicht an die Stelle Gottes setzen darf, daß er sich nicht selbst erschaffen und erlösen kann, und daß das Reich Gottes kein Menschenwerk ist. Gegenüber quasireligiösen Geltungsansprüchen einer absolutistischen und to-

66

talitären Politik kann die Katholische Soziallehre den kritischen Einwand geltend machen, daß außer Christus kein Mensch und neben der Kirche keine andere Institution einen endgültigen Heilsanspruch erheben kann. Das Verbot, politische Herrscher oder Herrschaftsformen zu verabsolutieren und damit in Konkurrenz zur absoluten Herrschaft Gottes treten zu lassen, findet sich in der Katholischen Soziallehre zum Beispiel in der Enzyklika „Mit brennender Sorge" (1937) gegen den Nationalsozialismus.

Mit diesen Glaubensgeheimnissen ist das sozialethische Handeln der Gläubigen noch nicht positiv normiert, sondern nur negativ abgegrenzt. Durch das erlösende Heilshandeln Gottes am Menschen wird aber eine Antwort des Menschen provoziert. Der Glaube hat ein bestimmtes Handeln zur Folge. Der durch die Gnade erlöste Mensch ist im Glauben motiviert, seinerseits die Liebe Gottes weiterzugeben, indem er etwa für seine Mitmenschen, besonders die Armen, befreiend wirkt. Dabei sind göttliche Erlösung und menschliche Befreiung nicht identisch, sondern stehen nur in einem analogen Verhältnis zueinander: Wie Christus die Menschen von Schuld und Tod erlöst hat, so sollen die Erlösten diese Botschaft auch dadurch glaubwürdig verkünden, daß sie ihre Mitmenschen aus Not und Elend befreien.

Wenn vorrangig „den Armen" das Himmelreich zugesprochen wird, hat sich die Kirche ihrer besonders anzunehmen. Damit ist noch nicht kon-

kret gesagt, wer als Armer, was als Armut anzusehen - und wie die Armutsfrage strukturell zu
bewältigen ist. Not, Elend und Armut sind Be-
griffe, deren Inhalte orts- und zeitgebunden, also
wandelbar sind. Und der negative Begriff der
Befreiung besagt lediglich eine Freiheit von etwas. Aber wozu, zu welcher Freiheit soll befreit
werden? Die Befreiung von Ungerechtigkeit
und Lieblosigkeit ergibt nur einen Sinn, wenn
man ungefähr weiß, was Gerechtigkeit und Liebe positiv bedeuten.

Verheißungen des Gottesreiches

Ähnlich ungewiß steht es um die sogenannten
„eschatologischen", also endzeitlichen Verheißungen. Wenn uns ein Reich der Gerechtigkeit,
der Versöhnung und des Friedens verheißen ist,
dann versteht es sich von selbst, daß die Gläubigen von dem, was sie sehnsüchtig erwarten dürfen, ja was „schon jetzt" geheimnisvolle Wirklichkeit ist, ergriffen sind. Sie nehmen es dann
selber in Angriff, auch wenn sie es nicht erfüllen
können. Aber was sind die Maßstäbe der endgültigen Herrschaft Gottes, lassen sie sich überhaupt erkennen und als sozialethische Normen
gesellschaftlich durchsetzen?

Zum Beispiel der Frieden, er ist mehr als nur die
Abwesenheit von Krieg - und auf Erden dauernd
gefährdet. Welche inhaltlichen Grundwerte
müssen erfüllt werden, damit er dauerhaft gesichert werden kann? Was bedeutet in diesem Zusammenhang die endzeitliche Gerechtigkeit

Gottes? Sie geht weit über menschliches Begreifen hinaus. Sie hat nichts mit der üblichen Leistungs- und Tauschgerechtigkeit zu tun, da ja auch jener Arbeiter im Weinberg, der viel weniger gearbeitet hat als die anderen, den gleichen Lohn erhält. Unser „natürliches" Wertempfinden sträubt sich dagegen, und keiner käme auf die Idee, diese Art der Lohnfindung auf das Wirtschaftleben zu übertragen, weil jeder Faulenzer dann den „vollen Lohnausgleich" fordern würde.

Nicht weniger rätselhaft ist auch die Gerechtigkeitsvorstellung des Magnifikat: „Die Mächtigen stürzt Er vom Throne, und Er erhöht die Niedrigen." Wird diese Aussage über die endgültige Gerechtigkeit Gottes zum Prinzip menschlicher Politikgestaltung gemacht (wie es einige Befreiungstheologen tun), kommt es unweigerlich zu einer permanenten Revolution. Denn wenn alle, die „oben" an der Macht sind, gestürzt werden, damit im Tauschverfahren die Niedrigen erhöht werden können, muß diese neue Elite sofort wieder nach „unten" befördert werden. Es gäbe keine verläßliche Ordnung mehr, und unter diesem Chaos hätten vor allem die Armen zu leiden.

Bergpredigt als Norm?

Im Evangelium finden sich einige radikale und rücksichtslos klingende Forderungen Jesu, die sich nicht als soziale oder politische Ethik verstehen und auch keine allgemeingültige Gesetzesethik zu sein beanspruchen. Zu dieser „eschatologischen" Ethik zählen beispielsweise die

„evangelischen Räte", also der Verzicht auf Ehe, Besitz und Macht, den jene nachfolgebereiten Jünger auf sich nehmen können, die dazu berufen sind. „Wer es fassen kann, der fasse es!" Das gilt in ähnlicher Weise auch für die Forderungen, die die radikale Güte Gottes zum Ausdruck bringen. Und zwar sowohl für die Gebote der Feindesliebe, des Schuldenerlassens und der grenzenlosen Vergebungsbereitschaft - als auch für die in der Bergpredigt ausgesprochenen Verbote des Zürnens, des begehrlichen Blickes, des Schwurs, des Widerstandes und der Ehescheidung.

Diese Forderungen lassen sich nicht als sozialethische Normen verallgemeinern oder gar mit politischer Macht und rechtlichen Zwangsmitteln durchsetzen. Letzteres würde auch gegen die Religionsfreiheit verstoßen. Denn diese Anforderungen richten sich an einzelne gläubige Jünger, die ihnen nur entsprechen können, wenn ihr Handeln zuvor durch Gnade ermöglicht wurde. Ein politisches und ökonomisches Ordnungshandeln, das auf Glaube und Gnade setzt, ist vielleicht in einem Kloster möglich. Die weitgehend säkularisierte und pluralisierte Großgesellschaft kann aber ihr sozialethisches Maß nicht an der Bergpredigt nehmen.

Bezeichnend ist, daß sich die Befürworter einer „Politik der Bergpredigt" selektiv nur auf jene Gebote und Verbote berufen, die in ihr politisches Konzept passen. Zum Beispiel die Pazifisten, die nicht nur ihre eigene Wange, sondern auch die der anderen hinhalten wollen. In glücklicher Inkonsequenz fordern sie aber nicht auch das gesetzliche Verbot der Wiederverheiratung oder des „begehrlichen Blicks" etc. Wie verderblich für die Politik und wie diskreditierend für den Glauben sich eine politisch-fundamentalistische Glaubensethik auswirken kann, wird gegenwärtig in einigen islamischen Staaten sichtbar.

Aus Glauben und Vernunft

Die bis heute umstrittene Grundfrage läuft auf die Alternative hinaus: Soll der Christ sich an eine religiös begründete Moral halten, die nur für die Gläubigen gilt, aber doch gesamtgesellschaftlich wirksam werden soll? Oder soll er sich an ein allgemeingültiges Sittengesetz halten, das in der praktischen Vernunft beziehungsweise im Gewissen verankert ist? Die Katholische Soziallehre stellt den Versuch dar, Werte und Prinzipien vorzustellen, die nicht nur dem Glauben offenbart sind, sondern auch der Vernunft begreifbar erscheinen. Relativ unproblematisch, weil sowohl biblisch bezeugt als auch vernünftig einsehbar, ist das soziale Handeln nach der Goldenen Regel: Was du nicht willst, das man dir tu, das füg' auch keinem anderen zu! Auch die Zehn Gebote stoßen auf einen breiten gesellschaftlichen Konsens; sie sind nicht exklusiv christlich, sondern kulturell vielfältig bezeugt und stellen so etwas wie eine „geronnene Menschheitserfahrung" dar.

Aus der Einsicht in die Grenzen einer spezifisch glaubensgebundenen Sozialethik - und aus der bereits biblisch bezeugten Möglichkeit heraus, allgemeine Sinnstrukturen und ethische Zielbestimmungen aus der Schöpfungsordnung erkennen zu können, vertraut die Katholische Soziallehre auf die Erkenntniskraft der allgemeinmenschlichen Vernunft. Danach ist die natürliche Vernunft trotz ihrer erbsündenbedingten Schwächung grundsätzlich in der Lage, das in ihr schöpfungsmäßig verankerte Sittengesetz zu erfassen.

So sind dem Menschen seine eigene Würde, seine Rechte und Pflichten vorgegeben. Sie werden nicht erst durch soziale Kommunikation konstruiert und durch politische Verfahrensweisen, etwa durch das demokratische Mehrheitsprinzip, legitimiert. Die Katholische Soziallehre argumentiert daher auch weitgehend naturrechtlich, im Vertrauen auf die Evidenz natürlicher Menschenrechte und entsprechender Pflichten, die letzten Endes in Gott begründet sind. Denn die Natur insgesamt, besonders aber die des Menschen, wird als geordnete Schöpfung Gottes vorverstanden, als eine Schöpfung also, in der noch die Spuren des Schöpfers entdeckt werden können.

Menschenbild

Die zentrale Aussage der Katholischen Soziallehre (nach „Gaudium et spes" Nr. 25) lautet: „Wurzelgrund, Träger und Ziel aller gesellschaftlichen Einrichtungen ist und muß sein die menschliche Person." Aber was ist der Mensch? Wenn der Mensch nur ein kollektives Gattungswesen wäre, das biologisch programmiert, von Instinkten gesteuert und von der Umwelt dirigiert wird, hätte es keinen Sinn, von Freiheit zu sprechen. Freiheit wäre dann nur noch Einsicht in die Notwendigkeit. Nach christlich-abendländischer Tradition ist der Mensch Person, d. h. ein eigenständiges und verantwortliches Wesen, das sich in freier Wahl gewissenhaft für das Gute entscheiden kann.

Die Würde des Menschen ist darin zu sehen, daß er als personales Ebenbild Gottes einen eigenen und einmaligen Wert besitzt, der ihm von keiner Instanz genommen werden kann. Jeder einzelne Mensch trägt seinen Zweck in sich und ist nicht Mittel zu irgendeinem gesellschaftlichen Zweck. Er ist Substanz, während die Gesellschaft lediglich eine Relation, eine Beziehungseinheit zwischen den einzelnen Menschen darstellt. Die Gesellschaft ist das Zwischenmenschliche, aber nicht das Menschliche schlechthin.

Als Individuum aber ist der Mensch ein Mängelwesen, er kann nicht selbständig für sich leben. In seiner Existenz bleibt er auf andere angewiesen, ohne die er keine Werte erkennen und verwirklichen kann. So ist der Mensch von Natur aus ein soziales Wesen. Damit ist seine freie Gewissensentscheidung keineswegs durch gesellschaftliche Ansprüche aufgehoben. Aber seine Selbstbestimmung kann nicht schrankenlose

Willkür und verantwortungslose Ungebunden-
heit bedeuten. Ein solcher Mißbrauch der Freiheit führt nicht zur „Selbstverwirklichung", sondern zu Schädigung der übrigen, von deren
Wohl das eigene abhängt. Das subjektive Gewissen und Handeln bleibt auf objektive Werte
angewiesen, die für alle gelten können.

Grundwerte

Die Katholische Soziallehre bringt bestimmte
gesellschaftliche Grundwerte in Erinnerung, die
der Natur des Menschen entsprechen und sich
nicht willkürlich postulieren lassen. Sie sind der
Gesellschaft vorgegeben, also Voraussetzungen
und nicht erst Folgen einer gesellschaftlichen
Kommunikation und Übereinkunft. Man kann
sich zum Beispiel nicht mit anderen über den
Grundwert der Wahrheit verständigen, wenn
man sich nicht bereits während des kommunika-
tiven Prozesses an die Wahrheit hält. Mit notori-
schen Lügnern ist eine Verständigung unmög-
lich. Dasselbe gilt auch für die Grundwerte der
Gerechtigkeit, der Liebe und der Freiheit. Eine
konkrete Vereinbarung über sie ist nur dann
möglich, wenn bereits gerechte und freie Ge-
sprächsbedingungen herrschen und die Ge-
sprächspartner nicht lieblos miteinander verfah-
ren.

Die genannten Grundwerte werden von der Katholischen Soziallehre als positive Friedenswer-
te aufgefaßt, ohne deren Beachtung kein Konsens, kein sinnvolles und geordnetes Zusammen-

leben innerhalb einer Gesellschaft und zwischen den Staaten möglich ist. Was sie inhaltlich bedeuten, läßt sich am besten anhand konkreter Entscheidungssituationen erfahren und erörtern. Es geht der Katholischen Soziallehre jedoch nicht nur darum, anhand dieser Werte die Gewissen der einzelnen Entscheidungsträger zu bilden und ihre sozialen Tugenden zu fördern. Vielmehr sollen diese Werte auch in die Strukturen der Gesellschaft eingehen. Zu diesem Zweck hat die Katholische Soziallehre drei Sozialprinzipien entwickelt, die für den Aufbau und das Zusammenspiel gesellschaftlicher Institutionen von Belang sind. So lassen sich die Liebe im Solidaritätsprinzip, die Freiheit im Subsidiaritätsprinzip und die Gerechtigkeit vor allem im Gemeinwohlprinzip wiedererkennen.

Sozialprinzipien

Natürlich läßt sich die personale Liebe kaum institutionalisieren (außer vielleicht in Ehe und Familie), sie läßt sich erst recht nicht erzwingen. Anders ist es mit dem Sozialprinzip der Solidarität, es regelt das wechselseitige Verhältnis der einzelnen Gesellschaftsglieder. Und zwar in der Weise, daß jeder einzelne für das Wohl der anderen mitverantwortlich ist - und umgekehrt. Bildhaft ausgedrückt: Wir sitzen alle in einem Boot, also einer für alle, alle für einen. Die solidarische Einigung und Zusammenarbeit wird von gemeinsamen Zielwerten und Interessen getragen, die nur in Gemeinschaft realisiert werden können. So entsteht eine Vielzahl von Gruppen und Verbänden, die oft in Konkurrenz zueinander treten.

Die Gruppensolidarität ist eine wichtige, aber nur eine halbe Sache, weil sie sich lediglich auf einen Teilaspekt bezieht. Sie muß über sich hinausgehen und auf das Wohl aller (Gemeinwohl) gerichtet sein. Wenn die Solidarität im Wesen des Menschen begründet ist, dann erstreckt sie sich grundsätzlich auf alle Menschen, unabhängig von ihrer Rasse, Nation oder Klasse. Rassismus, Nationalismus und Klassenkampf müssen deshalb als unsolidarisch gelten. Auch die kollektivistische Vermassung und Gleichmacherei kann sich nicht auf dieses den Sozialstaat tragende Prinzip berufen.

Die andere Seite der Medaille ist das Subsidiaritätsprinzip. Es ordnet das Verhältnis des gesellschaftlichen Ganzen zum einzelnen oder zu einzelnen Gruppen. Die klassische Definition dieses Prinzips gab Pius XI. in der Enzyklika „Quadragesimo anno" (Nr. 79): „Wie dasjenige, was der Einzelmensch aus eigener Initiative und mit seinen eigenen Kräften leisten kann, ihm nicht entzogen und der Gesellschaftätigkeit zugewiesen werden darf, so verstößt es gegen die Gerechtigkeit, das, was die kleineren und untergeordneten Gemeinwesen leisten und zum guten Ende führen können, für die weitere und übergeordnete Gemeinschaft in Anspruch zu nehmen; zugleich ist es überaus nachteilig und verwirrt die ganze Gesellschaftsordnung. Jedwede Gesellschaftätigkeit ist ja ihrem Wesen und Be-

griff nach subsidiär; sie soll die Glieder des So-
zialkörpers unterstützen, darf sie aber niemals
zerschlagen und aufsaugen."

Dieses Prinzip regelt also die Zuständigkeit aller
sozialen Handlungen in der Weise, daß der Vorrang der Initiative den „betroffenen" einzelnen
oder Gruppen gebührt. Sie sollen sich möglichst
frei entfalten können. Ihnen soll, soweit nötig,
zur Selbsthilfe geholfen werden von der jeweils
größeren gesellschaftlichen Einheit - und erst
letzten Endes vom Staat. Nur auf diesem Weg
von unten nach oben wird die vielbeschworene
„Basis" wirklich ernst und auch in die Pflicht genommen.

Das Subsidiaritätsprinzip greift freilich erst
dann, wenn man es mit mündigen, selbstverant-
wortlichen und leistungsbereiten Personen zu
tun hat. Dann wirkt es auch dem „Gesetz der
steigenden Staatstätigkeit" entgegen. Eine er-
drückende Vielzahl von staatlichen Einrichtungen lähmt unseren Willen, uns selber zu helfen
oder uns mit anderen zur solidarischen Hilfe zusammenzuschließen. Die Fähigkeit läßt nach,
nicht sofort nach staatlicher Subvention zu ru-
fen. Ganz im Sinne der Subsidiarität liegt die
Bildung von Selbsthilfeorganisationen, die zwischen den individuellen und sozialen Belangen
ausgleichend wirken, und von „intermediären"
Institutionen, die zwischen dem einzelnen und
dem Staat vermitteln.

Dem Staat steht nach dem Gemeinwohlprinzip
an letzter, aber doch entscheidender Stelle die

autoritative Kompetenz zu, die verschiedenen Interessen und Aktivitäten so zu koordinieren, daß sie dem Wohl aller zugute kommen. Das Wohl des einzelnen ist keine isolierte Einzelgröße, sondern hängt vom allgemeinen Wohl einer Gesellschaft ab. Da das Gemeinwohl nicht in der bloßen Summierung der realisierten Einzelinteressen zustande kommt, geht es um eine Gemeinwohlordnung, welche die einzelnen Leistungen und Ansprüche integriert und gerecht ausgleicht. Es gibt nämlich berechtigte Anliegen, die sich nicht machtvoll organisieren und durchsetzen lassen. Das „Recht der Stärkeren" ist nicht auf der Seite der kinderreichen Familien, der Arbeitslosen und der ungeborenen Kinder. Der Staat ist im Dienste des Gemeinwohls vor allem für die Schwachen da, die über kein Leistungspotential und infolgedessen auch nicht über ein Leistungsverweigerungspotential verfügen.

Während die Gruppen und Verbände meist nur für ihre Mitglieder einstehen, kann sich der Staat auf das Wohl aller berufen. Er dient dem Gemeinwohl, indem er organisatorische Vorkehrungen trifft und rechtliche Ordnungsbedingungen schafft, unter denen alle einzelnen und Gruppen ihre Werte friedlich verwirklichen können und zu ihrem Recht kommen.

Gerechtigkeit bedeutet in diesem Zusammenhang mehr als nur Leistungs- und Tauschgerechtigkeit. Denn es gibt Menschen, die noch nichts oder nichts mehr leisten können und die auch nichts zu tauschen haben. Gerade ihnen muß nach dem Grundsatz „Jedem das Seine" (nicht das Gleiche) Gerechtigkeit widerfahren, weil auch sie Träger elementarer Menschenrechte sind. Wenn die Menschen wesentlich gleich sind in ihrer Würde und in ihren Grundrechten, kann man daraus jedoch nicht ableiten, daß ihnen in allen Lebensbereichen konkret gleiche Chancen eingeräumt werden müßten. Da die Menschen immer schon unterschiedlich sind in ihren Interessen und Fähigkeiten, sind auch ihre „Lebenschancen" ungleich verteilt. Auch bei Wahrnehmung gleicher Chancen würden immer unterschiedliche Ergebnisse hervorgebracht.

Die Erfahrung lehrt, daß das konkrete Handeln des einzelnen wie auch der Verbände in erster Linie nicht durch das Gemeinwohl, sondern durch das eigene Interesse motiviert wird. Der ethische Anspruch und das faktische Verhalten klaffen meist auseinander, weil Ethik nicht gratis zu haben ist, sondern mit Verzicht verbunden bleibt. Auch durch eine Erziehungsdiktatur ist der Mensch nicht so programmierbar, daß er sein Handeln primär nach dem Gemeinwohl ausrichtet. Das Motiv des Eigeninteresses ist in sich auch nicht böse. Erfahrungsgemäß kann der einzelne besser in Eigenverantwortung Werte verwirklichen und wird in seinem Leistungswillen durch äußere Macht eher gehindert als gefördert. Es kommt dabei auch nicht so sehr auf die Motive und Intentionen der einzelnen und ihrer Verbände an, sondern auf den Effekt ihrer Handlungen. Ganz im Sinne einer Verantwortungsethik, die die konkreten Folgen bedenkt. Es

geht also darum, die Einzelinteressen so zu koordinieren, daß ein positiver Gemeinwohleffekt
dabei herauskommt.

So geht es auch in der vom Staat einzurichten-
den Wirtschaftsordnung nicht bloß um die gerechte Verteilung von Gütern und Dienstleistungen. Das zu Verteilende muß erst produziert
werden. Und Sozialleistungen zugunsten der
Schwächeren setzen die Leistungsbereitschaft
der Stärkeren voraus.

7. Praktische Konsequenzen

Zur Gestaltung der Wirtschaftsordnung

In den offiziellen Verlautbarungen der Katholischen Soziallehre kommt der Begriff „Soziale Marktwirtschaft" nicht vor. Für die Wirtschaftsordnung hat die Kirche kein konkretes Modell oder System entwickelt. Sie wendet sich vielmehr den allgemeinen Sinnfragen der Wirtschaft zu, fragt nach der Stellung des Menschen im Wirtschaftsgeschehen und stellt sozialethische Grundwerte und Prinzipien für eine am Gemeinwohl orientierte Ordnung der Wirtschaft auf. Die weitgefaßten, oft ziemlich abstrakten Formulierungen sollen genügend Spielraum für eine orts- und zeitgebundene Konkretisierung ermöglichen. Dabei besteht die Katholische Soziallehre keineswegs aus inhaltsleeren Worthülsen und frommen Phrasen, die jeder zur Bestätigung eigener Auffassungen beliebig verwerten kann. Vielmehr nimmt sie mit Bestimmtheit Abgrenzungen vor, weist deutlich die Richtung auf ein bestimmtes Ziel hin - und steckt den Bedingungsrahmen ab, innerhalb dessen sich die jeweils notwendige Realisierung ereignen kann.

Die Wirtschaft ist - wie jeder andere gesellschaftliche Lebensbereich - als ein Ort der sittlich verantwortlichen Selbstentfaltung der menschlichen Person anzusehen. Das ökonomische Handeln dient der effektiven Bereitstellung lebenswichtiger Güter und Dienstleistungen und zielt auf eine optimale Sicherung des Unterhalts aller ab. Es muß sich - wie jedes menschliche Handeln - sittlich verantworten können. Die wirtschaftlichen „Gesetzmäßigkeiten" sind nicht völlig freischwebend und ohne jeden Bezug zur ethischen Ordnung. Sie müssen vielmehr so eingesetzt werden, daß sie im Dienst dieser Ordnung stehen. Das gilt ähnlich auch für die ökologischen Eigengesetzlichkeiten des naturalen Systems, denen der Mensch nicht völlig hilflos ausgesetzt ist, sondern die er sich dienstbar zu machen hat.

Abgrenzungen

Die Frage ist: Welche Ordnungsbedingungen gewährleisten oder begünstigen das wirtschaftliche Handeln im Sinne der vorgestellten Werte und Prinzipien? Zunächst bleibt festzuhalten, daß sich die Katholische Soziallehre durchgängig, bis hin zur jüngsten Sozialenzyklika, von zwei ideologischen Richtungen distanziert: vom marxistischen Sozialismus und vom individualistischen Liberalismus. Ausdrücklich abgelehnt werden auch die entsprechenden idealtypischen Wirtschaftsformen: die kollektivistische Zentralverwaltungswirtschaft, weil sie die Freiheit der Person zerstört, und der Liberalkapitalismus, weil er die Freiheit des einzelnen isoliert und verabsolutiert.

Deutlich werden die Unterschiede vor allem in den verschiedenen Gemeinwohlbegriffen. Daß die Wirtschaft dem Gemeinwohl zu dienen hat und keinen Selbstzweck erfüllt, räumt jedes Wirtschaftssystem ein. Im Kommunismus wird das Gemeinwohl dirigistisch festgelegt, indem die Produktionsnotwendigkeiten und Konsumbedürfnisse zentral geplant werden. Das Interesse und Wohl des einzelnen wird dabei eingeebnet. Hingegen stellt sich für den „klassischen" Wirtschaftsliberalismus das Gemeinwohl automatisch ein, wenn jeder einzelne für sein Wohl sorgt, indem er Güter und Leistungen auf dem Markt anbietet und nachfragt. Das Gemeinwohl ist dann nur die Summe der Einzelinteressen, die auf dem Markt zum Zuge gekommen sind. Viele andere legitime Werte und Interessen, die nicht ohne weiteres „marktgängig" sind, fallen unter den Tisch.

Leitlinien für einen dritten Weg

Jenseits dieser Extreme ist der Versuch der Katholischen Soziallehre angesiedelt, auf der Wertebene einen „dritten Weg" zu skizzieren. Die Wertmarkierungen dieses Weges weisen übrigens in die Richtung einer sozialen Marktwirtschaft, nämlich einer ordnungspolitischen Synthese von personaler Freiheit und sozialer Gerechtigkeit. Die legitimen Einzelinteressen müssen in einer Gemeinwohlordnung integriert sein, und zwar nach den Prinzipien der Solidarität und der Subsidiarität.

Auch im ökonomischen Bereich besagt Solidarität, daß der Mensch auf gemeinsame Werte verwiesen ist, die er nur in sozialer Verbundenheit und Kooperation verwirklichen kann. Die Solidarität überschreitet die engen Grenzen der Klassen, Rassen und Nationen. Sie bedeutet eine Absage an das reine Konkurrenz- und Konfliktdenken, wonach sich Gesellschaft und Wirtschaft darstellen als Ort des Kampfes aller gegen alle zur Durchsetzung partikulärer Interessen. Sie begründet den Gedanken der Sozialpartnerschaft ebenso wie die Notwendigkeit der wirtschaftlichen Zusammenarbeit mit Entwicklungsländern. Auch in Fragen des Umweltschutzes erweist sich ihre bleibende Aktualität. Das solidarische Bewußtsein, in einem Boot (oder im „Raumschiff Erde") zu sitzen, hat sich leider erst mit der Umweltkrise verstärkt.

Ebenso bedeutsam für ein sinnvoll geordnetes Wirtschaftsleben ist das Subsidiaritätsprinzip, das den Vorrang der kleineren Einheiten vor den großen Gebilden fordert. Mit diesem Prinzip lassen sich alle wirtschaftlichen Konzentrations- und Zentralisierungsprozesse, alle Monopol- und Kartellbildungen kritisch in Frage stellen. Es bedeutet ein Plädoyer für kleinere, überschaubare Einheiten, für die Förderung eines kräftigen Mittelstandes. Eine dauerhafte Subventionierung großer Unternehmen auf Kosten der kleinen und mittleren Betriebe gerät allerdings mit dem Prinzip der „Hilfe zur Selbsthilfe" in Konflikt.

Was hier als „größer" und „kleiner" bezeichnet und bewertet wird, ist jedoch relativ und hängt vor allem von technischen Produktionsverfahren und auch von der Größe des Wirtschaftsraumes ab, in dem sich ein Unternehmen als wettbewerbsfähig und rentabel bewähren muß. Das alternative Schlagwort „small is beautiful", das nicht mit dem Subsidiaritätsprinzip identisch ist, übersieht allzu leicht die Notwendigkeit von größeren Einheiten etwa in der Luft- und Raumfahrtindustrie und auf dem europäischen und Weltmarkt, die ihrerseits auch viele kleine Zulieferbetriebe ermöglichen.

Auch der Versuch einer betriebsnäheren Tarifpolitik kann sich durchaus auf dieses Prinzip berufen. Betriebliche Regelungen über Arbeitszeit und Arbeitsentgelt entsprechen der subsidiären Auflockerung und Kompetenzverteilung einer Tarifstruktur, die nicht so global und zentralisiert sein darf, daß sie über regionale und sektorale Unterschiede hinweggeht.

Privatinitiative und Eigentum

Aus Gründen der personalen Menschenwürde plädiert die Katholische Soziallehre für eine Wirtschaftsordnung, die auf privater Initiative beruht. In seiner Enzyklika „Mater et Magistra" (1961) schreibt Johannes XXIII.: „Im Bereich der Wirtschaft kommt der Vorrang der Privatinitiative der einzelnen zu, die entweder für sich allein oder in vielfältiger Verbundenheit mit anderen zur Verfolgung gemeinsamer Interessen tätig werden." Mit deutlichem Blick auf den Ostblock-Sozialismus fährt der Papst fort: „Wo die Privatinitiative der einzelnen fehlt, herrscht politisch die Tyrannei; da geraten aber auch manche Wirtschaftsbereiche ins Stocken; da fehlt es an tausenderlei Verbrauchsgütern und Diensten, auf die Leib und Seele angewiesen sind; Güter und Dienste, die zu erlangen in besonderer Weise die Schaffensfreude und den Fleiß der einzelnen auslöst und anstachelt." (Nr. 57)

Die Enzyklika „Sollicitudo rei socialis" (1987), der man fälschlicherweise eine „Aequidistanz" zwischen der „östlichen" und der „westlichen" Wirtschaftsform nachgesagt hat, postuliert sogar ein „Recht auf unternehmerische Initiative" und führt dazu aus: „Und doch handelt es sich um ein wichtiges Recht nicht nur für den einzelnen, sondern auch für das Gemeinwohl. Die Erfahrung lehrt uns, daß die Leugnung eines solchen Rechtes oder seine Einschränkung im Namen einer angeblichen ‚Gleichheit' aller in der Gesellschaft tatsächlich den Unternehmungsgeist, das heißt, die Kreativität des Bürgers als eines aktiven Subjektes lähmt oder sogar zerstört. Als Folge entsteht auf diese Weise nicht so sehr eine echte Gleichheit als vielmehr eine ‚Nivellierung nach unten'. Anstelle von schöpferischer Eigeninitiative kommt es zu Passivität, Abhängigkeit und Unterwerfung unter den bürokratischen Apparat, der als einziges ‚verfügendes' und ‚entscheidendes' - wenn nicht sogar ‚besitzendes' - Organ der gesamten Güter und Produktionsmittel alle in eine Stellung fast völliger Abhängigkeit bringt, die der traditionellen Abhängigkeit des Arbeiterproletariers vom Kapitalismus gleicht. Das ruft ein Gefühl der Frustration oder Resignation hervor und bringt die Menschen dazu, sich aus dem Leben der Nation zurückzuziehen, indem viele zur Auswanderung gedrängt werden und ebenso eine Form von ‚innerer' Emigration gefördert wird." (Nr. 15)

Als fundamentales Mittel zur Sicherung der freien und verantwortlichen Wirtschaftsgestaltung muß das private Eigentum gelten. Die Enzyklika „Mater et Magistra" stellt lapidar fest: „Das Recht auf Privateigentum, auch an Produktionsmitteln, gilt für jede Zeit." (Nr. 109) Dieses auch von „Laborem exercens" (1981) bestätigte Recht wurde jedoch „nie als absolut und unantastbar betrachtet". Die Kirche „hat es immer im größeren Rahmen des gemeinsamen Rechts aller auf Nutzung der Güter der Schöpfung insgesamt gesehen". (Nr. 14) Das Gemeinwohl ist also das Ziel, dem das Eigentum in sozialer Bindung zu dienen hat.

Thomas von Aquin, der in „Laborem exercens" als christlich-soziale Lehrautorität zitiert wird, nennt drei immer noch gültige Gründe, warum die Privateigentumsordnung dem Gemeinwohl am besten nützt:

1. Das Eigentum bewirkt die Selbständigkeit und Eigenverantwortung des Menschen. Es stimuliert ihn zu Leistung und Erfolg.

2. Es garantiert die Aufgliederung und Abgrenzung der Zuständigkeiten. Durch Eigentum wird die Verantwortlichkeit des Menschen für die ihm anvertrauten Güter gebunden, sie werden

besser behandelt und eingesetzt. Kollektiveigentum hingegen führt zu Unordnung und Unfrieden, weil sich keiner richtig verantwortlich fühlt, aber jeder der Nutznießer sein will.

3. Das Privateigentum sichert die Würde und Freiheit des Menschen gegen die Abhängigkeit vom Kollektiv.

Die Grenzen der Eigentumsordnung lassen sich am Umweltproblem verdeutlichen. Die wichtigsten ökologischen Güter - etwa Luft und Wasser - sind öffentliches Gemeineigentum und können nicht privatisiert werden. Wenn aber jeder, so könnte man einmal fiktiv spekulieren, für seine Luft und sein Trinkwasser verantwortlich wäre, würde man mit diesen Lebensmitteln sorgsamer umgehen. Der verantwortungslose Umgang mit dem Eigentum müßte unmittelbar auf den Eigentümer zurückschlagen.

Auf Wirtschaftsebene ist diese unmittelbar wirksame Sanktion, die den Eigentümer für Fehlentscheidungen durch Verlust bestraft, für richtige Entscheidungen durch Gewinn belohnt, kaum zu ersetzen. Nach „Laborem exercens" soll auch der Arbeitnehmer das „Bewußtsein" haben können, „im eigenen Bereich zu arbeiten" (Nr. 15) und ihn auch mitzubestimmen. Vieles spricht dafür, daß sich dieses Bewußtsein erst dann einstellt, wenn die Arbeitnehmer tatsächlich, wenn auch nicht notwendig nur im „eigenen" Betrieb (wegen der Risikostreuung), Miteigentümer geworden sind. Eine möglichst breite Streuung des Eigentums und damit auch der Verantwortung

ist ein altes Anliegen der Katholischen Soziallehre, das noch nicht eingelöst worden ist.

Grenzen des Marktwettbewerbs

Wie stark die Wirtschaftsordnung sogar auf
Weltebene von den Erfordernissen des Gemeinwohls geprägt sein muß, wird gegenwärtig vor
allem an der internationalen Umweltkrise deutlich. Ein umweltverantwortliches Wirtschaften
kann nicht allein der Privatinitiative überlassen
bleiben und an das Privateigentum gebunden
werden. Durch Umweltverschmutzung werden
zwar auch deren Verursacher geschädigt, aber
der Verlust an „Lebensqualität" wird sozialisiert
und stellt somit keine gezielte und wirksame
Sanktion dar. Umweltqualität scheint keine Ware zu sein, die nach Angebot und Nachfrage auf
dem freien Markt gehandelt werden könnte. Dabei wäre es wünschenswert, wenn Produktions-
weisen und Produkte, die die Umwelt schonen,
stärker aus privater Initiative nachgefragt und
angeboten werden könnten.

Die Umweltverantwortung darf keinesfalls auf
den Staat abgewälzt werden, wie auch die Definition der sozialen Bindung des Eigentums nicht
nur Sache des Staates sein kann. In der bisheri-
gen Praxis aber zeigt sich, daß der Staat über die
wirksamsten Mittel verfügt, um die Umweltverantwortung verbindlich zu regeln. Dies soll
durch rechtliche Rahmenbedingungen, Auflagen
und Hilfen ganz im Sinne der Subsidiarität geschehen.

Wenn Privatinitiative und Privateigentum in ihren sozialen Grenzen als legitim und notwendig anerkannt werden, so ist es selbstverständlich, daß der Verkehr zwischen den Wirtschaftssubjekten, der Austausch zwischen Gütern und Dienstleistungen vor allem auf dem Markt und im Wettbewerb stattfinden. Der Wettbewerb wird daher von der Katholischen Soziallehre als unentbehrliche Organisationsregel zur Steuerung der Wirtschaft angesehen. Wettbewerb verbindet sich in der Regel mit Gewinn- oder Erwerbsstreben aus Eigeninteresse, das nicht von vornherein als „Egoismus" denunziert werden kann. Jeder hat den verständlichen Wunsch, daß sein Leistungseinsatz belohnt wird mit einem Ertrag, der die aufgewandten Kosten und Mühen übersteigt. Das gilt für Unternehmer mit ihrem Gewinn in gleicher Weise wie für Arbeitnehmer mit ihrem Einkommen.

Die Stellungnahmen der Katholischen Soziallehre zum Wettbewerb sind gekennzeichnet von dem Bestreben, ihm Maß und Mitte zu geben, seinen instrumentalen Charakter hervorzuheben und seine Hinordnung auf übergeordnete Ziele zu betonen. Eine schrankenlose Wettbewerbsordnung kann nicht oberstes Gesetz der Wirtschaft sein. Es werden vor allem zwei Vorbehalte angemeldet. Der erste wendet sich gegen die exzessiven und zerstörerischen Folgen einer sich selbst überlassenen Konkurrenz, die ein hemmungsloses Macht- und Erwerbsstreben fördert - und die überdies eine gesunde Wettbewerbsstruktur außer Kraft setzt. Erfahrungsgemäß kann sich der Wettbewerb nicht von selbst aufrechterhalten. Er trägt selbstzerstörerische Elemente in sich und bedarf daher einer staatlichen Rahmenordnung. Gesetze gegen den unlauteren Wettbewerb und gegen Wettbewerbsbeschränkungen haben diesem Umstand Rechnung getragen.

Der zweite Vorbehalt gegen den ungebundenen Wettbewerb ist, daß sein Mechanismus gegen Forderungen der Gerechtigkeit und der Menschenwürde „blind" sei. Widersprochen wird der altliberalen These, wenn etwas nur in der Freiheit des Wettbewerbs zustandekomme, sei es schon deshalb auch gerechtfertigt. Im Wettbewerb soll sich die jeweils „bessere" Leistung am Markt durchsetzen. Was aber ist „besser" im qualitativen Sinn? Ist es nur das, was auf dem Markt einen Preis erzielt? Hier stellt die Katholische Soziallehre einige unbequeme Fragen an eine bloße Marktwirtschaft, die sich teilweise zweifelhafter Werbemethoden bedient, immer neue, auch überflüssige und schädliche Wünsche weckt und den Markt mit immer neuen Produkten überschwemmt. Kritisch befragt werden die maßlosen Konsumenten einer Wegwerf- und Überflußgesellschaft, die ihre Verantwortung für die knapper werdenden Rohstoffe und die durch Abfälle belastete Umwelt nicht ausreichend wahrnehmen. Ein Wirtschaftsunternehmen, das unzumutbare Umweltschäden verursacht, mag zwar rentabel arbeiten und wertvolle Güter hervorbringen, mindert aber durch die von ihm ausgehenden Belastungen den gesamtwirtschaftlichen Nutzen durch Schädigung der Volksgesundheit.

Der Sinn der Wirtschaft, so sagt das Zweite Vatikanische Konzil (in „Gaudium et spes" Nr. 64), „besteht aber weder in der vermehrten Produktion als solcher noch in der Erzielung von Gewinn und Ausübung von Macht, sondern im Dienst am Menschen, und zwar am ganzen Menschen im Hinblick auf seine materiellen Bedürfnisse, aber ebenso auf das, was er für sein geistiges, sittliches, spirituelles und religiöses Leben benötigt". Wer ist aber für die Prioritäten in der Wertbestimmung verantwortlich? Hier sind in erster Linie die die „Werte" nachfragenden Verbraucher zu nennen, wie auch immer ihre Vorstellungen über Wohlstand und Konsumstandard beeinflußt sein mögen. Werbung ist ja nicht bloß Angelegenheit der Privatwirtschaft, sondern im Sinne von „Verbraucheraufklärung" auch Aufgabe des öffentlichen wie privaten Bildungs- und Mediensystems.

Natürlich sind in gleicher Weise auch Produktion und Handel für das, was sie produzieren und vertreiben (und wie sie es tun) verantwortlich - und werden auch zunehmend zur Verantwortung gezogen (zum Beispiel durch das Verursacherprinzip). Als letzte normative Instanz in der wirtschaftlichen Wertbestimmung hat der Staat seine Gemeinwohlverantwortung wahrzunehmen, einmal über die allgemeine Gesetzgebung, zum anderen über die Wirtschafts-, Finanz- und Steuerpolitik. Das bedeutet eine starke Mitbestimmung in der Setzung von Wertprioritäten für den Wirtschaftsablauf. Beispielsweise sind auch staatliche Subventionen für den Wohnungsbau, die Landwirtschaft und bestimmte Industrien korrigierende Eingriffe in freie Marktgesetze im Sinne politisch gesetzter Wertprioritäten. Der Staat steht hier vor schwierigen Wertabwägungen, ob zum Beispiel der Vollbeschäftigung oder dem Umweltschutz der Vorrang gebührt.

Natürlich engen diese Formen staatlicher Gesetzgebung und Politik, der Globalsteuerung und der indikativen Investitionsplanung den freien Wettbewerb erheblich ein. Manche fragen sich bereits, ob man gegenwärtig in der Bundesrepublik noch von einer sozialen Marktwirtschaft sprechen kann, oder ob nicht bereits das Soziale zum verpflichtenden Hauptwort geworden ist. Freilich kann auch die Katholische Soziallehre nicht konkret entscheiden, wieviel Freiheit in einer bestimmten Situation als möglich - und wieviel soziale Bindung als nötig erscheint. Die Entscheidung darüber hängt wohl jeweils davon ab, ob und inwieweit sich die freien Initiativen der Wirtschaft tatsächlich den sozialen und ökologischen Herausforderungen stellen - und diese auch bewältigen können. In der Kompetenzreihenfolge des Subsidiaritätsprinzips ist der Staat nur die letztentscheidende Problemlösungsinstanz, und Zweifel an seiner fachlichen 1|Kompetenz und überragenden Werteinsicht sind sehr oft angebracht.

Die Tarifautonomie beispielsweise bedeutet eine
wirtschaftliche Entlastung des Staates und ist ein
Eingeständnis dafür, daß der Staat nicht in der
Lage ist, den „gerechten Lohn" jeweils festzuset-
zen. Sie folgt aber auch aus der Koalitionsfrei-
heit, also dem Freiheitsrecht der Arbeitnehmer
und Arbeitgeber, sich zu Gewerkschaften bzw.
Arbeitgeberverbänden zusammenzuschließen,
um die gegenseitigen Interessen abzuklären. Die
Katholische Soziallehre hat in „Rerum novarum" dieses Recht sogar als ein „Naturrecht" bezeichnet, vor allem mit Blick auf die Arbeiter, die
seinerzeit ihre Arbeitskraft je einzeln als „Ware"
auf dem Arbeitsmarkt anboten. Erst mit dem
Arbeitsmarktkartell der Gewerkschaften gelang
es, das Arbeitsangebot zu bündeln und für die
Arbeit nicht nur einen gerechteren Preis, sondern auch humanere Bedingungen auszuhan-
deln. Das gelang freilich nicht ohne Streik, der
als Notwehrrecht und „ultima ratio" von der Katholischen Soziallehre gebilligt wurde.

Auch hier lassen sich unter den gegenwärtigen
Umständen einige kritische Fragen aus der Sicht
der Katholischen Soziallehre stellen: Sind die
Löhne und die Lohnnebenkosten inzwischen
nicht so weit angestiegen, daß sie für bestimmte
Arbeiten, die an sich notwendig und gefragt sind,
nicht mehr gezahlt werden können? Muß der
tariflich ausgehandelte Lohn nicht gerechter-
weise auch die Rentabilität des betreffenden Un-
ternehmens berücksichtigen? Ist die Arbeitslosigkeit nicht auch Folge einer fehlerhaften Tarifautonomie, in der Löhne als „politische Preise"

ausgehandelt werden, die man für den „sozialen Frieden" zu zahlen bereit ist? Die Katholische Soziallehre hat sich des öfteren gegen einen Streik zu politischen Zwecken ausgesprochen und fordert die Sozialpartner auf, das Gemeinwohl zu berücksichtigen.

Arbeit und Arbeitslosigkeit

Die Enzyklika „Laborem exercens" stellt die Arbeit ins Zentrum aller sozialen Fragen. Arbeit bedeutet aber mehr als nur ein ökonomischer Produktionsfaktor. Angesprochen und gewürdigt wird die körperliche und die geistige Arbeit, die leitende Arbeit der Unternehmer ebenso wie die Arbeit in Haushalt und Erziehung. Den Faktor Arbeit vertreten nicht nur die Arbeitnehmer in abhängiger Beschäftigung. In diesem weiten Sinne erscheint Arbeit als grundlegende natürliche Dimension menschlicher Existenz. Theologisch wird diese Dimension in der göttlichen Schöpfung verankert: Der Mensch ist Ebenbild eines überaus kreativen Schöpfers. Überdies wird er im Schöpfungsauftrag ausdrücklich ermächtigt, durch Arbeit sich die Erde untertan zu machen und die Natur verantwortlich zu gestalten. Von daher wird besonders der kreative und innovatorische Charakter der Arbeit unterstrichen.

Die Arbeit ist Mittel zum Zweck und kein Selbstzweck. Allgemein dient sie der Selbstentfaltung des Menschen, der durch Arbeit seine eigenen Lebenswerte und Zweckbestimmungen verwirklicht, aber nicht nur durch Arbeit. Im wirtschaftlichen Bereich dient die Arbeit vor allem dem Erwerb des Lebensunterhalts, also der materiellen Grundlage der „Selbstverwirklichung". Hier ist für „geleistete Arbeit" ein „gerechter Lohn" zu zahlen. Die Erwerbstätigkeit zielt also auf eine produktive Leistung, auf einen nützlichen Zweck ab.

Die Arbeit darf nicht von ihrem Subjekt abgelöst werden. Der Mensch als Träger der Arbeit ist nicht als bloßer Produktionsfaktor zu behandeln. Seine Arbeitsbedingungen sind vielmehr menschenwürdig zu gestalten. Geboten sind Maßnahmen zur „Humanisierung der Arbeit" und arbeitsrechtliche Schutzbestimmungen. Dennoch bleibt die Arbeit meist mit Dornen und Disteln, mit Mühe und Last verbunden.

Der Mensch ist von Gott beauftragt und von seiner Natur aus ethisch verpflichtet zu arbeiten. Er darf aber nicht zur Arbeit rechtlich gezwungen werden (Zwangsarbeit). Dem ethischen Auftrag und der Pflicht zur Arbeit entspricht ein ethisches Recht auf Arbeit. Nach „Octogesima adveniens" (Nr. 14) hat jeder ein „Recht auf Arbeit, auf Gelegenheit, die ihm eigenen Anlagen und seine Persönlichkeit in Ausübung seines Berufes zu entfalten". Die Katholische Soziallehre versteht darunter freilich nicht ein subjektiv einklagbares Anspruchsrecht auf einen bestimmten Arbeitsplatz, sondern ein Freiheitsrecht gegenüber der Gesellschaft, die die Ausübung dieses Rechtes nicht unnötig behindern darf. Damit ist der Staat nicht verpflichtet, selber Arbeitsbeschaffungsmaßnahmen einzuleiten, sondern zunächst nur dazu aufgefordert, all das zu unterlassen oder zu unterbinden, was eine Vollbeschäftigung erschwert.

Zweifellos ist die Arbeitslosigkeit (im Sinne des Mangels an Möglichkeiten zur Erwerbstätigkeit) eine noch ungelöste soziale Frage. Für deren Lösung sind nach dem Subsidiaritätsprinzip nicht in erster Linie der Staat, sondern zunächst einmal die einzelnen Arbeitnehmer und Arbeitgeber und dann die Tarifparteien verantwortlich.

Die Katholische Soziallehre ist keine bloße Verteilungslehre, der es lediglich um die gerechte Verteilung der bestehenden Arbeitsplätze und des vorhandenen Reichtums geht. Für den christlichen Realismus der Katholischen Soziallehre ist kennzeichnend, daß er nicht erwartet, daß die humanen Werte und Prinzipien ohne eine funktionstüchtige und produktive Marktwirtschaft verwirklicht werden können. Die Katholische Soziallehre ist aber optimistisch genug, anzunehmen, daß sich Humanität und Rentabilität auf Dauer nicht aus-, sondern einschließen.

8. Neue Herausforderungen

Zur Verantwortung für den technischen Fortschritt

Die Gegenwart ist von starken Vorbehalten gegenüber einer verwissenschaftlichten und technisierten Lebenswelt geprägt. Ein Großteil der Bevölkerung glaubt nicht mehr an die Segnungen des technischen Fortschritts, sondern fürchtet eher den Fluch der technischen Tat, die Natur und Menschheit zu zerstören droht. Der alte technologische Fortschrittsglaube ist verflogen, der sein „Prinzip Hoffnung" (Ernst Bloch) auf immer modernere Techniken setzte, vermöge derer alle menschlichen Probleme lösbar und alle Zukunftsvorhaben plan- und machbar seien.

Angst als Gesellschaftsphänomen

Die Naturwissenschaften verloren ihren „Verheißungsglanz" (H. Lübbe) und die Technik ihre moralische Unschuld. Die „Wunder" der Technik werden zunehmend entmythologisiert und im „postmodernen Epochenwandel" durch neue Mythen ersetzt. Die euphorische, quasireligiöse Hoffnung auf eine technisch machbare Weltverbesserung droht nun gelegentlich in ein anderes Extrem umzuschlagen, nämlich in eine manchmal apokalyptisch anmutende Angst vor technischen Modernisierungsprozessen. Als besonders bedrohlich gelten heute vor allem die Kernenergie und die Gentechnik.

Verantwortlich geht man mit der Angst um, wenn man den Nachweis einer relativ unbegründeten und unberechtigten Angst führt und die Ursachen dieser Angst, also die möglichen Gefahren und Schäden, zu minimieren sucht. Diese Aufarbeitung der Angst bedeutet freilich nicht die Utopie eines völlig angstfreien Zustandes. Angst muß auch als positives Alarmsignal gewertet werden, und solange es „Restrisiken" gibt, bleibt auch eine „Restangst" übrig.

Technik im Dienst des Menschen

Die Sorgen und Ängste markieren nicht nur ein sozialpsychologisches, sondern vor allem ein sozialethisches Problem. Denn ob und wieweit diese Ängste rational und praktisch bewältigt werden können, hängt wesentlich davon ab, ob es vernünftig-plausible sozialethische Maßstäbe und ordnungspolitische Regeln und Institutionen gibt, die der technischen Entwicklung Sinn und Ziel geben, ihr aber auch deutliche Grenzen setzen.

Seit Leo XIII. hat die Kirche immer wieder gefordert, die technischen Errungenschaften an sittlichen Maßstäben zu messen. Das hat ihr dann oft den Vorwurf eingebracht, eher ein fortschrittshemmendes Element zu sein. Fest steht für die Katholische Soziallehre der Grundsatz, daß die Technik dem Menschen zu dienen hat und nicht der Mensch der Technik. Diese Aussage über den Dienstwert des technischen Fortschritts mag zwar trivial klingen, sie provoziert uns aber zu selbstkritischen Fragen: Haben wir das Bewußtsein, Technik nur zu „bedienen" - oder dient sie uns wirklich? Dient sie allen - oder nur wenigen? Können wir die Technik, mit der wir es zu tun haben, überhaupt noch kontrollieren? Haben wir sie so im Griff, daß sie uns nicht über den Kopf wächst und daß wir noch die Verantwortung für sie übernehmen können? Begeben wir uns nicht nur in der Arbeitswelt, sondern auch in der gesamten Lebenswelt in eine immer größere Abhängigkeit von der Technik und den Technikern?

Daß die Arbeitswelt und ihre Störungen im Zentrum der sozialen Frage stehen, mit der sich die Kirche zu befassen hat, ist vor allem mit „Laborem exercens" deutlich geworden. Aber während die Arbeitswelt (wie die gesamte Ökonomie) eine soziale, d. h. zwischenmenschliche Ordnungseinheit darstellt, die in einem sozialethischen Sinnzusammenhang steht, bezieht sich Ökologie auf eine dem Menschen vorgegebene naturale Ordnung, die in sich noch nicht sozialethischer Qualität ist. Erst im Falle einer vom Menschen und seiner Technik herbeigeführten nachhaltigen Störung der natürlichen Umweltordnung, die negativ auf den Menschen und seine sozialen Ordnungen zurückwirkt, wird das ökologische Problem zu einer sozialen Frage ersten Ranges. Beide sozialen Fragen, die der Arbeit und die der Umwelt, hängen sehr eng zusammen, weil beide in hohem Maße technisch bedingt sind, und weil das Umweltproblem durch eine spezifisch technische Form der Arbeit entstanden ist und vielleicht dadurch auch gelöst werden kann.

Prinzipielle Orientierungen

Vor jeder Lösung konkreter Einzelprobleme sind zunächst allgemeine Wertorientierungen gefragt, die einem vernünftigen Dialog und gesellschaftlichen Konsens zugänglich sind. Aus der Katholischen Soziallehre lassen sich für die Bewertung und Gestaltung einer sich ständig wandelnden Technik folgende vier Grundsätze herauslesen und auf die Gegenwart beziehen:

Erster Satz: Die Schöpfung ist allen Menschen und Völkern zur technischen Nutzung und Pflege anvertraut. Dabei sind sie zur universalen Solidarität verpflichtet.

Das betrifft vor allem das Elend und Leiden in der „Dritten Welt". Je mehr Menschen die Erde bevölkern, desto stärker sind sie auf technische Fortschritte angewiesen. Für fünf Milliarden Menschen gibt es keine „ökologischen Nischen", bemerkt Wilhelm Korff. Die Probleme der Dritten Welt lassen sich nicht ohne verstärkten technischen Einsatz lösen. Andererseits kommt es auf die moralische Dimension der Entwicklung(shilfe) an. Entscheidend ist, ob die Menschen mit den Fortschritten der Technik Schritt halten können und gleichzeitig auch in moralischer Hinsicht Fortschritte machen - zu mehr Solidarität und Gerechtigkeit. Dabei ist Entwicklungshilfe nicht bloß eine Frage des quantitativen Technologietransfers, vor allem nicht in reine Prestigeprojekte hinein, sondern eine Frage der Bildung und einer auf die jeweiligen Notlagen zugeschnittenen Technik.

Zur universalen Verantwortung sind wir auch dort verpflichtet, wo einzelne technische Eingriffe (zum Beispiel Abholzen der Urwälder) globale negative Auswirkungen (zum Beispiel Klimaveränderungen) annehmen können. Wir können uns aber zum Beispiel nicht über das Abholzen der Urwälder in Brasilien beklagen, wenn wir nicht bereit sind, für den bisher kostenlosen Sauerstoffimport einen Preis zu zahlen. Dazu benötigen wir einen weltweiten Konsens über die Verwendung der natürlichen Ressourcen.

Zweiter Satz: Die Schöpfung ist den Menschen aller Zeiten anvertraut, soll also auch den künftigen Generationen zur Verfügung stehen.

Hier sind wir also zur Solidarität mit denen verpflichtet, die nach uns kommen. Diese Zukunftsverantwortung verbietet den gegenwärtigen Generationen einen technischen Raubbau an den natürlich begrenzten Rohstoff- und Energiequellen. Die Verhinderung von Schäden und die Beseitigung der Abfälle darf nicht auf Kosten der Kinder und Kindeskinder gehen.

Dritter Satz: Der biblische Schöpfungsauftrag, sich die Erde „untertan" zu machen, ist kein Freibrief zur willkürlichen Ausnutzung und Verschmutzung der Natur. „Herrschaft" über die Natur durch Arbeit und Technik bedeutet vielmehr pflegliche Nutzung, Erhaltung und Wiederherstellung des natürlichen Lebensraumes und seiner Schätze.

Dieses Herrschaftsverständnis ist nicht völlig „autonom", sondern bleibt an den Willen Gottes gebunden. Es läßt immer noch eine gewisse Ehrfurcht vor den Spuren Gottes in der Schöpfung erkennen, ohne daß die Natur vergöttlicht oder als Träger eigener Rechte angesehen wird.

Hat eine veraltete Technik in ihren Nebenwirkungen zur Umweltzerstörung beigetragen, so ist in Konsequenz des geläuterten Herrschaftsbegriffs darauf zu drängen, daß eine verbesserte Technik solche Schäden beseitigt und vermeidet. Um die negativen Folgen der Technik abzuwenden, bedarf es wiederum der Technik.

Vierter Satz: Die Grenzen des technischen Fortschritts liegen dort, wo das Leben des Menschen, seine Würde und Rechte, bedroht werden. Jeder Mensch, auch der ungeborene, hat ein Recht auf Leben und Unversehrtheit.

Abwägung von Gütern und Schäden

Dieses Recht hat auch Vorrang vor dem Recht auf Arbeit und Eigentum. Ein Konflikt zwischen diesen Rechten wäre etwa dann gegeben, wenn eine Arbeitsplatz- und Wachstumspolitik zu einer derartigen Verschmutzung und Verknappung natürlicher Ressourcen führte, daß sich die Frage des Überlebens stellte. Andererseits ist auch der Fall denkbar, daß durch allzu rigorose Technikbeschränkung das Recht auf menschenwürdiges Leben sowie das Recht auf Arbeit und Eigentum tangiert wird.

In solchen besonders für die Wirtschaft wichtigen Fällen geht es konkret um Fragen der Güterabwägung und einer sozialen Verantwortungsethik, die die möglichen und wahrscheinlichen Folgen einer technischen Innovation und deren Unterlassung bedenken. Es genügt nicht, wünschenswerte Dinge wie saubere Umwelt und Vollbeschäftigung möglichst gleichzeitig und überall haben zu wollen. Wer will das nicht? Alle wollen die Optimierung von Zielgütern, wenn sie auch verschiedene Prioritäten annehmen. Den Verantwortlichen kann kaum unterstellt werden, daß sie die Luftverschmutzung und die Arbeitslosigkeit absichtlich herbeigeführt hätten. In den meisten Schadensfällen handelt es sich um unbeabsichtigte Nebenwirkungen.

Die Notwendigkeit einer Verantwortungsethik, die die Folgen einer Handlung abwägt, ergibt sich aus der allgemeinen Erfahrung, daß auch gutgemeinte Handlungen zuweilen schlimme Folgen haben können. Das Problem der Verantwortungsethik besteht nun nicht allein darin, die faktisch schon eingetretenen negativen Folgen irgendwie wieder rückgängig zu machen. Wenigstens im nachhinein sind wir meist klüger und haben aus den Fehlern der Vergangenheit gelernt.

Das Hauptproblem liegt darin, vorher, vor einer technischen Innovation, die möglichen und wahrscheinlichen Folgen für Mensch und Umwelt abzuschätzen. Die Entscheidungsregel dazu lautet (nach W. Korff), daß wir uns für das geringere Übel in den Folgen zu entscheiden haben, und zwar nach der Frage: Ist die zu erwartende Nebenfolge einer technischen Innovation weniger schlimm als die Folge der Unterlassung einer technischen Innovation?

Diese Abwägungsregel klingt leichter, als ihre Befolgung in Wirklichkeit ist. Sie setzt nämlich einen Blick in die Zukunft voraus. Wir können aber nie genau wissen, was die Zukunft bringt - etwa an weiteren technischen Erfindungen, an gesellschaftlichen und naturalen Veränderungen usw. Es sind Kombinationen möglich, von denen wir jetzt noch keine Ahnung haben, Imponderabilien, die sich unserer Berechnung entziehen. Weil alles mit allem irgendwie zusammenhängt und die Komplexität der Verhältnisse eher zunimmt, ist die Vorhersehbarkeit beschränkt und müssen wir auch mit unabwägbaren Nebenfolgen rechnen, zumal die größte Unsicherheit wohl im fehlbaren Verhalten des Mängelwesens Mensch liegt.

Erschwerend hinzu kommt die Schwierigkeit, die tatsächlichen, möglichen und wahrscheinlichen Schäden zu quantifizieren, sie meßbar zu machen und zu qualifizieren, um sie dann miteinander vergleichen zu können. Darum ist zum Beispiel der Vergleich zwischen der Kernenergie und dem Verbrennen fossiler Stoffe so umstritten. Es wird noch gefragt werden dürfen, wie viele Opfer die Förderung, der Transport, der Gebrauch und die „Entsorgung" von Kohle und Öl für Mensch und Umwelt gekostet haben und voraussichtlich noch kosten werden. Doch über diese Schäden erhält man kaum Auskunft, so daß ein Vergleich mit den Schäden der Kernenergie sehr erschwert wird.

Die qualitative Bewertung der Folgen hängt oft vom Interessensstandpunkt des Betrachters ab. Während die Gewerkschaften dazu neigen, den technischen Fortschritt von der isolierten Zielgröße der Vollbeschäftigung aus zu betrachten, beschränken sich die Unternehmer oft darauf, ihn aus dem Blickwinkel der Rentabilität zu beurteilen, während die Grünen ihn lediglich nach seinen ökologischen Wirkungen beurteilen. Hinzu kommen noch weitere Desiderate: Bieten die technischen Modernisierungen geringere oder größere Chancen zu neuem qualitativem Wachstum? Behindern oder ermöglichen sie verbesserte Produktionsmethoden, Produkte und Dienstleistungen? Dienen sie der Einsparung und dem Ersatz kostbarer Rohstoffe oder nicht? Erschweren oder fördern sie die Humanisierung des Arbeitslebens?

So legitim diese Interessen- und Wertprioritäten im einzelnen auch sind, bedürfen sie jedoch der Integration in eine Gemeinwohlordnung, die die gesamtgesellschaftliche Wirklichkeit im Blick hat und für einen gerechten Ausgleich der Ansprüche sorgt. Damit ist bereits die Notwendigkeit einer institutionellen Regelung dieses sozialethischen Problems angesprochen, nämlich entscheidungs- und handlungsfähige Gremien, die über die nötige technische Sachkompetenz und ethische Verantwortungskompetenz verfügen.

Zukunft der Arbeitswelt

Innerhalb einer Arbeitnehmergesellschaft wie der unseren stellt sich angesichts des rapiden technischen Wandels die Frage nach der Zukunft der Arbeitswelt. Die Arbeitswelt stellt nach wie vor einen großen, wenn auch schwindenden Teil unserer Lebenswelt dar - und enthält immer noch den Hauptzündstoff für soziale Fragen, mit denen sich die Kirche zu befassen hat. Bei Sozialpolitikern unbestritten sind die Verdienste, die sich die Kirche zur Lösung der „alten" sozialen Fragen des 19. Jahrhunderts erworben hat. Die „Arbeiterfrage" als Klassenkampf zwischen Arbeit und Kapital konnte in diesem Jahrhundert weitgehend sozial entschärft werden. Daran war die Katholische Soziallehre und die sie tragende Sozialbewegung wesentlich beteiligt, wenn auch ihre Forderungen noch nicht allesamt eingelöst wurden. Nun kommt es für sie darauf an, die durch den technischen Wandel ausgelösten „neuen" sozialen Fragen rechtzeitig zu erkennen und praktisch zu bewältigen.

Für die Zukunft zeichnen sich hier vor allem folgende Herausforderungen ab, an denen sich die sozialethische Problemlösungskompetenz der Kirche bewähren muß. Da ist zunächst die Frage der andauernden Arbeitslosigkeit. Ob neue Techniken per saldo mehr Arbeitsplätze schaffen oder zerstören, läßt sich jetzt noch nicht mit Sicherheit sagen. Aber schon aus Gründen der Exportabhängigkeit und Konkurrenzfähigkeit der deutschen Wirtschaft läßt sich jetzt schon absehen, daß der einseitige Verzicht auf technische Modernisierung noch mehr Arbeitslosigkeit produziert - und sogar die Gefahr einer neuen Armut heraufbeschwört. Es zeigt sich, daß der Wegfall von alten industriellen Arbeitsplätzen wenigstens teilweise kompensiert werden kann, und zwar besonders im Dienstleistungsbereich, so daß Soziologen wie Daniel Bell bereits eine postindustrielle Dienstleistungsgesellschaft heraufziehen sehen, in der die Arbeiten ganz neu verteilt werden.

Aber auch im Dienstleistungsbereich macht sich der technische Fortschritt dergestalt bemerkbar, daß er gerade jene einfachen und stereotypen Arbeiten entbehrlich macht, die vielfach als unzumutbar gelten, und dabei Raum schafft für anspruchsvollere Tätigkeiten, die aber viele überfordern. Vor allem ältere Menschen werden vom technischen Fortschritt überholt und bleiben als „Fußkranke" zurück. Einmal erworbene Berufskenntnisse sind leicht verderbliche Güter geworden, so daß die Bereitschaft zum permanenten Studium, zur geistigen und räumlichen Mobilität gefragt ist. Die Hochtechnisierung sämtlicher Lebensbereiche ist freilich weder wünschenswert noch möglich, weil sie die perso-

108

nale Zuwendung und Hilfsbereitschaft nicht ersetzen kann. Immer drängender stellt sich aber die Frage, ob es auch für technische Legastheniker noch genügend sinnvolle und bezahlbare Arbeiten gibt.

Der zweite Problemkreis betrifft die soziale Schichtung der Arbeitnehmerschaft und ihre gewerkschaftliche Vertretung. Die Gewerkschaften vertreten bisher vorrangig einen Typ von Industriearbeiter, den man im Ruhrgebiet „Malocher" nennt und von dem es hieß: „Alle Räder stehen still, wenn dein starker Arm es will." In Zukunft aber kommt es mehr auf die qualifizierten Köpfe als auf die vielen starken Arme an. Die das Arbeitsleben zunehmend beherrschende technische Intelligenz verfügt über ein gewaltiges Leistungspotential und infolgedessen auch über ein derartiges Leistungsverweigerungspotential, daß ein Streik weniger Spezialisten ganze Industriezweige lahmlegen kann, und zwar auch auf Kosten der übrigen Arbeitnehmer. Im Zeitalter der technisch bedingten Individualisierung, Differenzierung und Flexibilisierung besteht die Gefahr, daß gewerkschaftliche Solidarität zu einer Mangelware wird, was für die Tarifautonomie und den Arbeitsfrieden sehr abträglich sein könnte. Hier sind vor allem die Gewerkschaften herausgefordert, neue Klassenbildungen zu vermeiden und die neuen Leistungseliten durch einen differenzierten Interessenausgleich zu integrieren.

Zwei weitere, noch nicht bewältigte Problemfelder im Gefolge des technischen Fortschritts sind in der Zunahme der Sonntagsarbeit sowie in der wachsenden Freizeit zu sehen. In diesen beiden Punkten, die hier nur kurz erwähnt werden sollen, wird der Kirche eine besondere religiöse und moralische Kompetenz von der Gesellschaft eingeräumt und zugesprochen. Deshalb, so scheint es, stehen die Wirkungschancen für eine kirchliche Neuprägung der religiösen Sonntagskultur und einer „Ethik der Freizeit" nicht schlecht, und gerade die kirchlichen Sozialverbände könnten hier zu neuen Ufern vorstoßen, statt über ihre zurückgehende öffentliche Wirkung zu klagen.

Ethische Akzeptanz

Die Frage der Technikakzeptanz läßt sich nicht allein durch wissenschaftlich-technische Aufklärung der Bevölkerung lösen, sondern ist vorrangig ein sozialethisches Problem der Verantwortung. Technik muß für möglichst alle Bürger konsensfähig sein, insofern sie auch von den möglichen Auswirkungen betroffen sind. Der technische Fortschritt ist nicht nur eine soziale, sondern auch eine politische Frage geworden, über welche die Bürger demokratisch mitbestimmen können, zum Beispiel in Sachen Energiepolitik. Gerade hinsichtlich der Willensbildung auf politischer Ebene kommt es darauf an, daß Politiker, Wissenschaftler, Techniker und Unternehmer ihre Entscheidungen plausibel vor der Öffentlichkeit legitimieren. Zwischen Sachkompetenz und ethischer Verantwortungskompetenz darf es keinen Widerspruch geben.

Bei dem rasanten Fortschritt der Technik, der nicht automatisch auch eine verbesserte humane Lebensgestaltung eröffnet, gibt es aber immer mehr „Zurückgebliebene", die trotz Aufklärung und Bildung nicht mehr mithalten können. Ständig wächst die Abhängigkeit der Bürger und Politiker vom Sachverstand der Fachleute. Die Akzeptanz wird immer mehr zur Vertrauenssache - und diese hängt wesentlich von der moralischen Integrität und Glaubwürdigkeit der Fachleute ab, die durch Spezialisierung immer weiter voneinander abrücken. Um so dringlicher erscheint die Suche nach einem gemeinsamen Sinnbestand im Dialog der kirchlichen Sozialethik mit denen, die die Weichen des technischen Fortschritts stellen und jenen, die Gefahr laufen, von der Entwicklung überrollt oder auf das soziale Abstellgleis geschoben zu werden.

Für das Leben mit dem technischen Fortschritt gilt, was der Dichter Novalis vor 200 Jahren gesagt hat: „Wenn die Menschen einen einzigen Schritt vorwärts tun wollen zur Beherrschung der äußeren Natur durch die Kunst der Organisation und der Technik, dann müssen sie vorher drei Schritte der ethischen Vertiefung nach innen getan haben."

Literaturverzeichnis

HÖFFNER, Joseph: Christliche Gesellschaftslehre. Kevelaer 1983.

HÖFFNER, Joseph: Soziallehre der Kirche oder Theologie der Befreiung? Köln 1984.

KLOSE, Alfred: Die Katholische Soziallehre. Ihr Anspruch, ihre Aktualität. Graz, Wien, Köln 1979.

LEHMANN, Karl: Die Verantwortung des Unternehmers, in: Roos/Watrin (Hrsg.), Das Ethos des Unternehmers. Trier 1989.

NELL-BREUNING, Oswald v.: Soziallehre der Kirche. Erläuterungen der lehramtlichen Dokumente. Wien 1977.

OCKENFELS, Wolfgang: Politisierter Glaube? Zum Spannungsverhältnis zwischen Katholischer Soziallehre und Politischer Theologie. Sammlung Politeia XXXIII. Bonn 1987.

RAUSCHER, Anton: Katholische Soziallehre. Entwicklungen, Probleme, Aufgaben. Kirche und Gesellschaft 159. Köln 1989.

RAUSCHER, Anton: Kirche in der Welt. Beiträge zur christlichen Gesellschaftsverantwortung. 2 Bde. Würzburg 1988.

ROOS, Lothar: Befreiungstheologien und Katholische Soziallehre. Kirche und Gesellschaft 119-120. Köln 1985.

ROOS, Lothar (Hrsg.): Stimmen der Kirche zur Wirtschaft. Beiträge zur Gesellschaftspolitik 26. Köln 1986.

SPIEKER, Manfred: Gewinn und Gemeinwohl, in: Roos/Watrin (Hrsg.), Das Ethos des Unternehmers, Trier 1989.

Texte zur katholischen Soziallehre. Die sozialen Rundschreiben der Päpste und andere kirchliche Dokumente - mit einer Einführung von O. v. Nell-Breuning. Kevelaer 1985.

UTZ, Arthur F.: Zwischen Neoliberalismus und Neomarxismus. Die Philosophie des Dritten Weges. Köln 1975.

UTZ, Arthur F.: Weder Streik noch Aussperrung. Bonn 1987.

WEBER, Wilhelm: Der soziale Lehrauftrag der Kirche. Katholische Soziallehre in Text und Kommentar 2. Köln 1975.